AF434063

EXTRAORDINARIO EN LO ORDINARIO

Daniel Palazzo

HOJAS DEL SUR

Buenos Aires

www.hojasdelsur.com

Extraordinario en lo ordinario
Daniel Palazzo

1a edición

Editorial Hojas del Sur S.A.
Albarellos 3016
Buenos Aires, C1419FSU, Argentina
e-mail: info@hojasdelsur.com
www.hojasdelsur.com

ISBN 978-987-8916-55-2

Dirección editorial: Andrés Mego
Edición: Silvana Freddi
Diseño de portada e interior: Noelia Pepe

Palazzo, Daniel
   Extraordinario en lo ordinario / Daniel Palazzo. - 1a ed. - Ciudad Autónoma de
Buenos Aires : Hojas del Sur, 2023.
   204 p. ; 23 x 15 cm.

   ISBN 978-987-8916-55-2

   1. Vida Cristiana. I. Título.
   CDD 248.4

*A mi padre, objeto de este libro
y mi principal mentor.*

ÍNDICE

AGRADECIMIENTOS

A mi madre, la primera que me habló de Dios.

A Bibiana, por el apoyo incondicional para esta y tantas otras faenas.

A nuestros hijos, Chabela, Tobías, Jonás, Miqueas y Didier, por ser ellos permanente estímulo para todo lo que hacemos.

A Silvana Freddi, por su trabajo profesional en la edición y por sus valiosos consejos.

A Andrés Mego y al gran equipo que conduce, por confiar en el proyecto.

PRÓLOGOS

José Jordán (USA): Presidente de Word of Life Fellowship

Este libro es un pequeño reflejo de un gran hombre de Dios y de un amigo personal. Aníbal me impactó con el poder de una vida de santidad genuina. Él incorporó las virtudes que, respecto de la oración, escribió Samuel Chadwick: "Siervos llenos del Espíritu son llamas ardientes para Dios. Ellos aman con un amor creciente, sirven con una fe que vivifica, adoran a Dios con una devoción que consume y odian el pecado con una ferocidad santa que quema". Por eso, mi gran amigo Aníbal, en su peregrinaje, tenía el mismo concepto que tenía el tercer presidente del Instituto Bíblico de Moody, James M. Gray, cuando dijo: "No importan las dificultades del camino, cuando yo sé que ese camino me lleva a casa". Aníbal está en "casa", pero nos ha dejado algunas lecciones para el camino que debemos tomar.

Rafael Saenz (Argentina): Director General de FECEA[1], Pastor de la Iglesia Transparente

Conocí a Aníbal en mi juventud adulta a fines de la década de los años sesenta y, además de mi consideración hacia él como pastor y fiel siervo del Señor conforme al mandato bíblico, empatizamos y coincidimos en muchos aspectos de la obra del Señor en la Iglesia Transparente. Con un trato casi diario, pude apreciar también la influencia cristiana en su hogar (con su esposa Elvira y con sus hijos Daniel, Marcos y María Inés). Este ejemplo contribuyó a formarme como esposo, padre y abuelo. Pero, aún más, Aníbal plasmó, en su día a día, la práctica de sus enseñanzas, varias de estas seleccionadas en este libro. Dignos son de mencionar su amor fraternal, su fe genuina, su dedicación pastoral, su vida de oración (practicada y enseñada) y su responsabilidad en cada acción profesional como educador y como académico. Estas virtudes calaron hondo en mi vida para recordarlo, imitando su fe sobre la base del resultado de su conducta: desde su entorno familiar, como directivo docente, como incansable pastor consejero, como lector de La Palabra de Dios, como estudioso de la abundante bibliografía cristiana, como enseñador requerido por todos y como amigo confiable. Motivo a cada lector a que obtenga provecho de estas valiosas lecciones de Aníbal.

---

[1] Fundación Educacional Comunitaria Evangélica Argentina, el principal ministerio evangelístico y educativo de la Iglesia Transparente. Actualmente, cuenta con dos mil quinientos estudiantes, sumando los niveles prescolar, primario, secundario y terciario. Aníbal fue directivo y profesor de Ciencias en esta institución.

Patricia Graziosi (Argentina): Profesora de Literatura en FECEA y en otros institutos

Conocí a Aníbal siendo su estudiante de Química. He tenido el privilegio de leer sus lecciones, que me han impactado profundamente. Al leerlas, vuelvo a percibir su voz, sus gestos y sus tonos. Quiero destacar al maestro y gran educador, que busca dar lecciones prácticas y concretas sobre las verdades de la Palabra de Dios. Sus lecciones están nutridas de ejemplos bíblicos. Aníbal fue un hombre riguroso, conocedor del griego original, que permite iluminar el verdadero significado del texto bíblico, sin por eso hacer exhibición de su erudición. Lo único que le preocupaba era que la gente se llevara consejos bien prácticos para su vida cotidiana. Uno de los pilares de Aníbal fue la práctica sostenida de la oración individual, familiar y congregacional porque, como él decía, "la oración es un servicio". Espero, estimados lectores, que atesoren estas lecciones de un verdadero siervo de Dios, probo, íntegro, profundo en sus conceptos, estudioso, informado del conocimiento secular y, por sobre todo, con un conocimiento completo de Las Escrituras. Por medio de estas lecciones, Aníbal nos sigue educando para este mundo y para la eternidad.

Rubén Díaz Jure (Paraguay): Presidente de la Sociedad Paraguaya de Cardiología y Pastor de la Iglesia en calle Independencia (Asunción)

Conocí a Aníbal en tiempo de mi formación académica en Argentina, en la ciudad de La Plata, porque visitaba con frecuencia la Iglesia de la calle 58, donde nos congregábamos muchos estudiantes de distintos puntos del país y del extranjero. Desde un principio impactaron en mi vida su sencillez, su profundo conocimiento de Las Escrituras y su interés por la vida y andar de los jóvenes. Tuve el privilegio de hospedarme por algunos meses en su hogar en Buenos Aires, donde me compartió fragmentos de su vida y de su ministerio. Fue así como pude aprovechar la enorme riqueza espiritual que guardaba en su corazón y que, sin retórica, compartía con las personas que se le acercaban buscando consejo o la dirección del Señor. Parte de esa riqueza se encuentra en estas lecciones. Agradezco a nuestro Dios por haberlo conocido. Indudablemente, su testimonio seguirá dando frutos en la vida de quienes conocieron al matrimonio de Elvira y de Aníbal, y en los que aprovechen estas lecciones.

Dan Nüesch (Argentina): Director de Palabra de Vida Argentina y Presidente del Instituto Bíblico Palabra de Vida Argentina[2]

La obra de Dios está enriquecida por hombres y mujeres de Dios, misioneros, ancianos, pastores que dejaron una marca y un ejemplo a seguir. Siempre existieron referentes. La Escritura lo dice por medio de Pablo: "Sed imitadores de mí, como yo lo soy de Cristo", y luego desafía a sus discípulos a nombrar ancianos y pastores que sean ejemplares en su lugar. Los referentes no luchaban para serlo. Ellos obedecían a Dios; seguían sus pisadas y, como consecuencia, se convertían en referentes para los alcanzados, que los seguían por su fe. Debemos agradecer a Dios que no tuvimos que luchar para saber qué hacer en el ministerio. Simplemente, debíamos imitar la fe, convicciones y pasión que nuestros referentes tenían para, a su vez, tenerla nosotros también para su Gloria.

En mi juventud, Dios colocó frente a mí un hombre de oración con el que, cuando llegaba a enseñarnos la Palabra, primero había que arrodillarse y orar. No era una costumbre, no era querer sobresalir: era porque Aníbal avanzó en la vida cristiana de rodillas, orando sin cesar, hablando con su amado Salvador. No tengo excusa para decir que es imposible tener una vida santa y de oración, porque Aníbal nos dio la orden: "¡Cuerpo a tierra!" y, de rodillas, había que orar antes de todo. Cuando ya no hay referentes, se pierden las pisadas, los ejemplos no se aprecian. Quedamos en un laberinto sin salida, desesperados por no saber cómo cumplir el llamado divino. Estas lecciones

---

[2] Aníbal fue profesor en esta institución (https://pdva.org).

contienen algunas de las enseñanzas que recibí de este referente y deseo que estas guíen tu vida también.

Juan Vila (República Dominicana): Jefe de Cirugía del Instituto Oncológico Regional del Cibao y Pastor de la Iglesia Pan de Vida (Santiago de los Caballeros)

Conocí a Aníbal en abril 1998, cuando me invitaron a escuchar a este gran enseñador en una escuela en Villa Bosch. Aunque me resultaba demasiado pausado su hablar (pensé que era muy lento para mi gusto), sin embargo, al concentrarme en la enseñanza dada, encontré una ternura y paciencia para explicar verdades profundas de una manera sencilla y bien reflexionada. Cuando me acerqué, me dijo que tenía una librería, y mi corazón se aceleró. Tomé la dirección y lo visité. Entonces sí conocí a una persona desinteresada, mostrándome y comentando de manera personal los mejores libros. Junto con su "cómplice", Elvira, me regalaron varios devocionales[3] que se editaban semestralmente y que todavía conservo. Describo a Aníbal como un hombre de Dios que amaba su obra, que irradiaba amor, que daba confianza a quien lo conocía, haciendo sentir una "química" que envolvía, aunque pasaran las horas. Me impactaba que era un voraz lector y estudioso, y que sentía una gran simpatía por la juventud. Algunas de esas virtudes serán percibidas al leer estas lecciones de Aníbal.

---

[3] Aníbal fue el editor responsable de una revista semestral denominada *Meditaciones*, publicada por la Editorial LEC.

Andrés Fernández Paz (Argentina), Director de Palabra de Vida Argentina[4] y Director Regional de Palabra de Vida Latinoamérica, y Mirta Solohaga[5]

Aníbal, un excelente maestro de la Palabra de Dios, que conocía muy bien su Biblia y la compartía con gran sabiduría. Su vida ejemplar influenció a muchísimos creyentes, siervos de Dios y ministros del Evangelio. Sus lecciones marcaron nuestra vida, ministerio y familia. Con Elvira, su amada esposa, nos bendijeron en nuestros primeros pasos como misioneros. Algunas de las frases que nos impactaron fueron: "Avancemos de rodillas imitando a Cristo", "No confundir: no es el predicador, sino la Palabra lo que les hace bien", "Esperando y amando su Venida".

Agradecidos al Señor por Aníbal, fiel siervo de Dios, y por estas lecciones que nos dejaron marcas imborrables, porque tienen el sello de Dios.

---

[4] Aníbal fue colaborador de esta organización.

[5] Mirta es la esposa de Andrés.

Ozzie Barletta (USA): Pastor de la Iglesia Monte Sinaí (Las Vegas)

Una de las metas más grandes para el creyente es ser conformados a la imagen de Cristo. ¿Cómo se logra esto? Una manera es tener un buen maestro que no solo enseñe, sino que viva lo que enseña. Yo me guío por lo que me enseñó mi maestro Aníbal en esos ocho años de mi juventud, en Argentina, cuando trabajé con él. En 1997, visité nuevamente mi país, y volví a reunirme con Aníbal. Le llevé una duda vinculada a una costumbre en las iglesias de USA: llevar a votación, en las reuniones administrativas, los proyectos que se quieren llevar a cabo. Aníbal me leyó Hechos 15, y me explicó que la Iglesia no se guía por lo que quiere la mayoría, dado que se trata de una teocracia. Y agregó que nunca sostenga una enseñanza bíblica, sin antes conocer bien el contexto. Reviví, en mi pastor, el amor y respeto tan grande que tenía por Las Escrituras porque, a su vez, él aprendió de su Gran Maestro, Cristo Jesús. Gracias, "papi"[6], por tu entrega a la Obra y Palabra de Dios y por ayudarnos con estas lecciones que hoy disfrutamos en este libro.

---

[6] Muchos de sus estudiantes apodaban de esta manera a Aníbal.

César Ramos (Argentina): Misionero en el Norte Argentino y Profesor del IBJM[7]

En Génesis 5:22-24 se repite la frase: "Caminó Enoc con Dios". Para mí, el tío Aníbal[8] era como aquel Enoc, un hombre que conversaba con Dios en todo momento. En 1960, Aníbal vino de misionero a la provincia de Jujuy, y muchas noches leíamos La Biblia y orábamos al Señor juntos. Cuando el Señor me llamó como misionero en 2004, Aníbal me leyó Hechos 14:26: "Desde donde habían sido encomendados a la gracia de Dios para la obra que habían cumplido", y me dijo: "Acude cada día a la gracia de Dios, y todas tus obras tendrán la bendición de Él". Imitar su ejemplo de vida y seguir sus consejos me lleva a disfrutar cada día de nuestro Redentor. Usted también podría tener esta experiencia, estudiando y revisando estas lecciones e imitando las virtudes de este gran hombre de Dios.

---

[7] Instituto Bíblico Jorge Müller, donde también Aníbal fue profesor (https://institutojmuller.org).

[8] Aunque no existe vínculo familiar entre Aníbal y César, la atmósfera de calidez que lograba Aníbal con sus discípulos se parecía a la de una relación familiar.

Mariano Laudonio (Argentina): abogado, psicólogo, Doctor en Teología, Profesor del IBJM y de FECEA

Estoy frente a una oportunidad inmejorable de ofrecer un reconocimiento que represente los fuertes lazos de gratitud y admiración que me unieron al maestro de estas lecciones. Conocí a Aníbal cuando comencé a congregarme en la Iglesia Transparente en 1985, a la edad de 14 años. Por entonces, mi espíritu soportaba las borrascas propias de un adolescente recién convertido y único creyente en su familia. Desde el comienzo de mi recorrido cristiano, Aníbal me adoptó como uno de sus discípulos dilectos, y me dio el privilegio de disfrutar de una cercanía especial que ha marcado mi vida. Si se me pide que describa a Aníbal en el brevísimo espacio que demanda este escrito, tal vez la nota dominante de su vida sea su voluntad constante y persistente de glorificar a Dios en cada momento y con cada acción de su vida. Ese afán se reflejaba en el contenido de sus oraciones, así como en sus actos concretos de cada día. Aníbal fue un vivo testimonio del hombre que encara la actividad cotidiana guiado por la consigna rectora de ir a la búsqueda de aquellas obras que Dios preparó de antemano para que, al hacerlas, lo glorifiquemos a Él y seamos de bendición para los demás. Cuando muchos procuramos, a veces, eludir esas buenas obras, Aníbal iba gozosamente a su encuentro. Un capítulo aparte merece el ministerio docente desempeñado por Aníbal a lo largo de casi toda su vida. Muchas generaciones fuimos beneficiarias de su actividad que combinaba la erudición, la creatividad para transmitir las verdades perennes de Las Escrituras y la actitud de amor y atención hacia sus discípulos. La guía sabia y confianza irrestricta que Aníbal me profesó desde mis vacilantes inicios no admite una paga suficiente. Es por ello que hoy quiero presentarle un tributo que sale del corazón y recomendar estas lecciones con la seguridad de que su lectura proporcionará tanta bendición como la que hemos recibido quienes hemos oído estas enseñanzas de manera directa.

INTRODUCCIÓN

Un profeta nunca muere del todo

(C.S. Lewis)

"Señor, no le des a este niño riquezas materiales, sino riquezas espirituales". Esta fue la oración que hizo mi abuelo Humberto en el momento en que nacía Aníbal[9], el 17 de noviembre de 1935, en la localidad de Olivos, en la provincia de Buenos Aires (Argentina). Asombrosa oración de un papá que no conocía al Señor al que le oraba, pero al que, dieciocho años después, lo conocería verdaderamente. Durante mis años de adolescencia, no estuve muy de acuerdo con la petición de mi abuelo, no tanto por lo que había solicitado que le fuera dado a mi padre, sino por lo que le había suplicado que se le negase. Dios respondió literalmente los dos pedidos de oración de mi abuelo. ¿Acaso no podía Dios otorgarle a Aníbal, junto con las riquezas espirituales, también bienes materiales, como lo hizo con Abraham, Lot, Isaac, Jacob, Salomón, Job, y otros tantos personajes bíblicos? Pero mi abuelo oró de esa manera, y Dios así le respondió, otorgándole a Aníbal una riqueza espiritual poco común, inédita, singular y asombrosa.

---

[9] Aníbal Humberto Palazzo (1935-2018), mi padre.

Las siguientes lecciones de Aníbal revelan esa riqueza. Aunque son producto de un intenso esfuerzo intelectual de su parte, estas tienen su origen a partir de una vida que se iniciaba todas las mañanas en conexión con la "usina celestial".[10] Aníbal tomaba de allí la potencia espiritual y la lucidez intelectual para extraer, de La Palabra, las lecciones que luego enseñaría en público o en privado. También allí, Dios respondía, cada mañana, a la oración de mi abuelo.

Aníbal sabía muy bien lo que también enseñaba Charles Spurgeon:

Una hora en la mañana vale dos por la noche. En tanto que el rocío está sobre la hierba, que la gracia descienda sobre el alma.

Demos a Dios las mañanas de nuestros días y la mañana de nuestras vidas. La oración ha de ser la clave del día y el cerrojo de la noche.[11]

Como la profesión de Aníbal era la docencia en escuelas secundarias, su actividad laboral y ministerial comenzaba muy temprano[12], de manera que, para comenzar el día como lo sugería Spurgeon, debía madrugar. Cuando todavía estaba oscuro y antes de enfrentar la jornada laboral, pasaba varias horas orando y leyendo Las Escrituras.

Yo fui espectador y testigo presencial de esa notable y disciplinada actividad espiritual. Pienso que lo que necesita el mundo del siglo XXI son seres humanos que seamos mucho más grandes por dentro de lo que somos por fuera. Así era Aníbal,

---

[10] Lección 2 de este libro.

[11] Spurgeon, Charles, edic. 2003, *El Tesoro de David*, Vol. I, trad. de Eliseo Vila. Barcelona: Editorial Clie, p. 34.

[12] En Argentina, las clases de la escuela media o secundaria comienzan a las 7:30 a. m.

y lo pude comprobar de cerca. Luego, sus lecciones, además de contener una sabiduría espiritual y una original manera de presentarlas, van fundamentadas en una vida interior, propia de alguien que tenía una comunión diaria con el Padre. Los lectores que hayan conocido a Aníbal habrán advertido esa admirable riqueza interior que lo caracterizaba.

En la selección de temas de las lecciones, he intentado establecer un equilibrio entre temas teológicos y temas prácticos. En los primeros, se percibe esa agudeza mental de Aníbal para captar los misterios teológicos y su conocimiento bíblico global para poder explicarlos sencillamente. En los segundos, se destaca la originalidad y la creatividad para aplicarlos a la vida cotidiana. Luego de cada lección, tú, lector, encontrarás un breve comentario mío, donde pongo el acento en algunas claves notables y originales de la lección. Seguramente, encontrarás otros aspectos sobresalientes, diferentes de los que seleccioné para comentar. Por eso podrás complementar mis reflexiones y elaborar las tuyas propias. Como apreciarás, el principal valor de este texto se encuentra en las lecciones en sí más que en mis opiniones y comentarios. Por otro lado, el orden de las lecciones no guarda ninguna lógica particular, de manera que se pueden seguir en cualquier orden, ya que son independientes entre sí, salvo la lección 1, que continúa en la lección 5, y la lección 4, que se vincula con la lección 8.

En ocasiones, mientras Aníbal lee La Escritura textual, realiza aclaraciones breves, que he señalado entre paréntesis. Por otro lado, las lecciones orales de Aníbal son más bien coloquiales y, por lo tanto, pueden contener algunas incoherencias gramaticales, anomalías, frases inconclusas, ausencias de concordancias, inconsecuencias y reiteraciones, que he decidido modificar y corregir. En los audios, percibirás esos defectos propios de un discurso oral y con el estilo singular de Aníbal. En esos audios, no realicé ninguna "edición" especial, salvo algunos cortes cuando se trataba de un reportaje o de una columna radial. Recomiendo que, además de leer reflexivamente y con tu Biblia cada una de estas diez lecciones, dediques un tiempo a escuchar los respectivos audios. La experiencia será de gran motivación espiritual, para captar los matices y énfasis que utilizaba Aníbal en su discurso oral y, en especial, cuando lee Las Escrituras. Escuchar la lectura de Aníbal de La Escritura parece realzarla, porque la torna sublime y grandiosa. Estos diez audios están disponibles en el sitio www.anibal.arg, ya sea para seguirlos en línea o para descargarlos libremente.

Estas lecciones no siguen las recomendaciones de la oratoria ni los principios formales de la disciplina homilética, en el sentido de seguir una estructura típica, con una introducción, un núcleo de desarrollo con subtemas y una conclusión. Aníbal arranca y ataca directamente el tema que quiere abordar, con su propio estilo, con una profundidad y claridad que permiten seguir su argumento, aunque no se presente de manera estructurada. Otras veces, finaliza su lección abruptamente. Tampoco van a encontrar explicitados ni numerados cada uno de los ítems o subtítulos de su lección. Los títulos de las lecciones, los eventuales subtítulos, las notas aclaratorias y las imágenes son agregados míos, con el fin de organizar mejor el contenido de este libro. Además, cada lección está adaptada a un lenguaje escrito. Deseo que mi participación en este libro no contamine ni opaque el contenido de estas lecciones.

Una de las razones de poner a disposición del lector las diez lecciones en formato de audio digital y original es por si hubiera alguna distorsión en mi adaptación. Allí no tuve ninguna participación, salvo en el esfuerzo práctico de grabarlas, digitalizarlas y hacerlas públicas.

Mi objetivo es presentar estas lecciones como cuando uno regala un objeto valioso envuelto en papel especial, que luego se puede desechar. La metáfora no es del todo adecuada, pues mi "envoltorio" no estará al principio de cada lección, sino al final, con el fin de contaminar lo menos posible el contenido y de no crear prejuicios en la mente del lector. La calidad de las lecciones de Aníbal, aunque ofrecidas con cierto desorden formal propio de un discurso oral, demuestran el particular estilo de comunicación de Aníbal, la profundidad de su contenido, y el notable impacto pedagógico que producía en sus oyentes.

Mi hermano, Marcos, solía decirme que nosotros no tuvimos un típico padre en casa, sino un profeta. De niños y adolescentes, nos fastidiaba un poco esta incómoda realidad familiar, pero hoy no cambiaría por ningún otro escenario haber pasado mis primeros veintidós años en la misma casa del profeta Aníbal. Siempre admiré el hecho de que sus enseñanzas y sus opiniones no solo eran contraculturales respecto de la cultura secular, sino que, en muchos casos, también aparecían como contraculturales respecto de la cultura evangélica tradicional.

Mi formación como filósofo profesional me ha enseñado a valorar a los grandes pensadores disruptivos, los cuales cuestionaron el pensamiento mayoritario y se opusieron a este, no solo por lo difícil que resulta esa faena intelectual contracultural, sino también por el coraje que significa moverse en una dirección opuesta a los juicios y prejuicios corrientes. Aníbal ha sido muy valiente al expresar algunas ideas que, aunque bíblicas, no son suficientemente consideradas en el cristianismo contemporáneo. Quizás, cierto sector del cristianismo no acepte como válidos algunos tópicos de estas lecciones. Y aquí encuentro otra de las cuestiones interesantes del pensamiento de Aníbal. Aunque es muy respetuoso de las tradiciones, también es polémico, es disruptivo, y algunos de sus conceptos podrían ser discutibles. El lector juzgará por sí mismo, y de acuerdo a su conocimiento bíblico, el grado de ajuste de estas lecciones con Las Escrituras.

Aníbal tampoco era el típico conferencista de eventos multitudinarios. Mi padre no era invitado a eventos masivos, ya que su estilo discursivo era más bien coloquial, propio de su actividad docente. Sin embargo, el lector (u oyente) atento advertirá que cualquiera de estas "clases" o "lecciones", bien podrían haber sido pronunciadas frente a grandes auditorios. Como ocurre frecuentemente, los profetas no son ricos, ni famosos, ni poderosos, ni populares. Aun así, creo que las cosas podrían quedar en su justo lugar, ya que para un verdadero profeta no importa tanto su popularidad ni la veneración masiva que despierte, sino que lo más importante es que se le preste suma atención a lo que está diciendo.

El gran predicador Spurgeon, utilizando la historia del hacha prestada de 2 Reyes, decía que no estaba mal tomar el hacha de un amigo para dar golpes propios[13]. Por eso, motivo a los predicadores, los maestros, los líderes, y los discipuladores a que lean este texto y que utilicen estas lecciones en sus propias prédicas y exposiciones. Enséñenlas tal como están aquí, o adáptenlas a su público, con el inmejorable agregado de la riqueza que ustedes mismos provean, o la que les ilumine el Espíritu Santo para modificar. No importa si citan o no a Aníbal porque, al final de cuentas, el contenido de las lecciones está en Las Escrituras.

El Espíritu Santo utilizó el estilo propio de Aníbal para difundir lo que ya había sido revelado. También se podría utilizar este material para leer en familia, aunque sea solo una o dos páginas cada vez que ocurra un encuentro familiar. El Cielo celebrará que estas lecciones se difundan lo más posible, de la manera que sea, porque el "culto" y el crédito de este material solo le pertenecen al Señor.

En 1968, el sobresaliente teólogo del siglo XX, Francis Schaeffer, pronunció unas famosas conferencias denunciando que estábamos viviendo en un mundo poscristiano[14]. Utilizó los libros de Jeremías y Lamentaciones para señalar que, como en los tiempos del profeta, la religión cristiana se ha convertido en algo puramente externo, casi sin contenido, sin integridad, sin santidad, y que es necesaria una predicación de lecciones que produzcan avivamiento y reformas, para volver a Las Escrituras. Jeremías cumplió su rol en su tiempo; Schaeffer, entre otros, también lo cumplió. Tal vez hoy estemos viviendo en un mundo mucho más poscristiano que el de Schaeffer, con todos

---

[13] Spurgeon, Charles, edic. 1983, *Apuntes de Sermones*, trad. Samuel Vila. Grand Rapids: Outreach Publications, p. 15. Quedará a criterio de los padres si compartirán con sus hijos la lección 4, vinculada a la sexualidad matrimonial según La Biblia. Aunque esa lección está dirigida a los matrimonios, dada la excesiva información distorsionada y diabólica que reciben nuestros niños por los medios, sería una excelente oportunidad para enseñarles, en el contexto familiar, el modelo bíblico de la sexualidad.

[14] Schaeffer, Francis, edic. 1973, *Muerte en la ciudad*, trad. De José Grau. Barcelona: Ediciones Evangélicas Europeas.

los síntomas de materialismo, relativismo, posmodernismo, poscristianismo, ateísmo, y tantas otras mentiras más, y en su máxima expresión. Engaños que envenenan nuestras mentes y las de las generaciones más jóvenes, con el agravante de que todas esas ideas mentirosas y engañosas ya se encuentran arraigadas no solo en el mundo secular, sino también dentro de nuestras congregaciones. Por eso etiqueto a Aníbal como un profeta, y sus lecciones como contraculturales, que operan como antídoto de esta enfermedad cultural que nos contamina, que nos resta poder espiritual, que nos angustia y nos frena en nuestros intentos de avanzar a favor del Reino de Dios. Esa es la función de un profeta, como Jeremías, que no dudaba en enseñar la Palabra de Dios, tal como está.

Grabé la mayoría de estas lecciones porque seguía a Aníbal a todo lugar donde podía escucharlo. Como ya señalé, las diez lecciones que forman este libro son independientes entre sí y destinadas a diferentes auditorios. Por lo tanto, el lector advertirá algunas reiteraciones de conceptos. Este no es un error de Aníbal, dado que él nunca supo que yo iba a publicar sus lecciones (si le hubiera comentado este proyecto a Aníbal, él se habría encargado de desalentarlo por completo). Transcribí lo mejor que pude esta selección, y las revisé una y otra vez. Les aseguro que, desde la primera vez que las escuché en vivo hasta el momento de la última de las correcciones, cada una de estas me renueva, me fortalece, me enciende, aumenta mi débil fe, me permite consagrarme más al Señor y, sobre todas las cosas, me motiva a la oración, que es la clave del éxito espiritual de Aníbal y el eje central de todo este libro.

Estoy muy lejos de ser como Aníbal, pero trato de imitar su fe. Ojalá el Señor utilice esta compilación de diez de sus lecciones para producir en ustedes el mismo efecto que producen en mí cada vez que vuelvo a estas.

Daniel Palazzo, Ciudad de Buenos Aires, mayo de 2023.

LECCIÓN 1

LA BIBLIA: PATRIMONIO DE LA HUMANIDAD
-PARTE 1-

(Lección enseñada el sábado 13 de julio de 2002, de 08:00 a 10:00 de la mañana, en Radio Visión, AM 1380, de Argentina, en el programa cristiano El otro enfoque, conducido por Fernando Lombardo).

En esta clase vamos a considerar un concepto falso que suele tener la gente acerca de La Biblia. Muchos dicen que no es un libro de consulta para la vida, ni para manejarnos en el presente, porque es un libro antiguo, que está fuera de época, que no tiene actualidad y que, por lo tanto, no es moderno. Pero esta es una concepción totalmente falsa, y quiero demostrar su inexactitud a través de mi siguiente explicación. He tratado de buscar los temas que los chicos estudian en las escuelas, quiénes fueron los primeros exponentes de esos contenidos y en qué época vivieron quienes enseñaron o explicaron originalmente ciertos conceptos.

Quiero referirme puntualmente a la matemática. Por ejemplo, los alumnos de tercer año de secundaria estudian el Teorema de Pitágoras, matemático griego que vivió desde el año 580 a. C. hasta el año 496 a. C. Vale decir que el adolescente de tercer año está estudiando un teorema, que dice que, en un triángulo rectángulo, la suma de los cuadrados de los catetos es igual al cuadrado de la hipotenusa. Eso lo enseñó Pitágoras hace 2500 años, y el estudiante no sabe que está aprendiendo algo tan antiguo. Ese alumno, cuando entra a la escuela secundaria, está entrando a la academia de los griegos, aunque él no lo sepa, ya que este teorema se enseña en el siglo XX; por lo tanto, para él es actual y moderno.

Pero ¿por qué es moderno? Porque es verdad, y la verdad siempre es moderna. La estupidez histórica del ser humano de todos los siglos, y particularmente de los que no toman en cuenta La Biblia, es no estudiarla porque es antigua. Es moderna, y lo será por la eternidad, más moderna aún que el popular teorema de la geometría. Pitágoras vivió unos 500 años a. C., lo que significa que el Nuevo Testamento (en adelante lo abreviaremos *NT*, así como abreviaremos el Antiguo Testamento como *AT*) que escribieron los apóstoles y otros siervos de Dios[15] es más nuevo que lo que escribió Pitágoras.

> *La estupidez histórica del ser humano de todos los siglos, y particularmente de los que no toman en cuenta La Biblia, es no estudiarla porque es antigua.*

Entonces, ya no permitas que te engañen diciéndote que La Biblia es un libro antiguo. Arquímedes, por su parte, fue un físico, un científico griego que los adolescentes también estudian

---

[15] Siglo I de nuestra era.

en la secundaria. Arquímedes vivió entre los años 287 a. C. y 212 a. C. El estudiante actual no sabe que su profesor de Física, que estudió para ser docente, le está enseñando algo que descubrió Arquímedes, prácticamente 300 años a. C.

Ahora bien, ¿por qué se enseña? Primero, porque es verdad. Segundo, sin esa verdad, no se podría avanzar en otros conocimientos. Los barcos que ves navegando están diseñados según el principio de Arquímedes[16]. En esos barcos que navegan, todo se calcula sobre la base de lo que él descubrió. Los barcos actuales se rigen por el mismo principio, ya sea que se trate de una lanchita o de un transatlántico. La nave flota, y sus dimensiones están calculadas de acuerdo a ese principio. Y la carga máxima que llevan, por ejemplo, los barcos petroleros se ajustan a ese mismo cálculo. Si ese principio de Arquímedes no se utilizara, se correría el riesgo de poner más cargamento del adecuado, y la nave se hundiría. El barco está diseñado de una manera tal que pueda flotar.

También los alumnos de tercer año estudian el Teorema de Tales. Este matemático vivió entre los años 639 a. C. y 545 a. C. Y, "casualmente", en uno de los salmos del AT (el 94), el poeta dice: "El que enseña al hombre la ciencia, ¿no la entenderá?". De aquí se desprende que, según La Biblia, el que le enseñó a Pitágoras fue Dios, ya que, en todos los descubrimientos que el hombre cree haber logrado, siempre recibe la ayuda de Dios para alcanzarlos. "El que enseña al hombre la ciencia, ¿no

---

[16] Un cuerpo total o parcialmente sumergido en un fluido experimenta un empuje vertical hacia arriba igual al peso del fluido desalojado. Esta fuerza recibe el nombre de "empuje hidrostático" o "Principio de Arquímedes". Sobre la base de este principio, calculando el peso del fluido desalojado (en el caso de los barcos, es agua), es muy sencillo predecir cuál es la carga máxima que puede transportar sin hundirse.

entenderá?", o el que hizo el ojo, ¿no verá? El que hizo el ojo, ¿crees que no te ve a ti, y a mí, mi necesidad, y cómo estoy? El que hizo el oído, ¿no oirá? Por eso, cualquier cosa que tú necesites, dísela a Dios. Él escucha, porque tiene oídos, porque quien creó el oído oye.

Hubo otro hombre genial, también en el siglo III a. C. No se sabe mucho de él, pero sí se le atribuyen unos 14 tomos. Fue Euclides, un matemático griego, profesor de Geometría en Alejandría. Todo lo que se estudia en Geometría está basado en esos libros que él escribió. Fue un verdadero genio que vivió tres siglos antes de Cristo. Si Pitágoras, Thales, Euclides no hubieran elaborado o aportado sus conocimientos, la humanidad no hubiera contado con esa base para seguir avanzando hasta nuestros días.

Entonces, ¿por qué avanzó la ciencia?, porque se apoyó en el pasado, y todavía lo sigue haciendo. Y los chicos estudian esos principios antiguos. Pero, cuando se trata de lo moral o de lo espiritual, el hombre no avanzó tanto: dejó a un lado las verdades del pasado que hacen ambas dimensiones a un lado; dejó La Biblia; dejó La Palabra de Dios. En resumen, abandonó la sabiduría de Dios. Tanto la ciencia como las verdades que se descubrieron son ciertas; sirven y continuarán enseñándose para seguir creciendo como individuos. Pero, al dejar de lado las verdades de La Palabra de Dios eternas y permanentes (algunas escritas posteriormente a estos hombres y otras antes), el hombre se queda sin cimiento y sin base para edificar nuevos conocimientos. Entonces, empieza con teorías y filosofías nuevas que quizás aplica y lo llevan al fracaso. Y luego sigue a otro filósofo con otro pensamiento y otro concepto de la vida, y así continúa a los tumbos.

Al dejar de lado las verdades de La Palabra de Dios eternas y permanentes, el hombre se queda sin cimiento y sin base para edificar nuevos conocimientos.

Por eso no te dejes engañar: La Biblia es un libro actual, porque la verdad es verdad siempre. Si 2+2 era 4 hace 3000 años, es 4 ahora también. Lo que es verdad será verdad siempre. Por eso es un "suicidio" espiritual y moral de los humanos haber dejado La Palabra de Dios. La Biblia no es el libro de los evangélicos, ni de los protestantes, ni de la Iglesia ortodoxa griega, ni de la Iglesia católica. ¡No! La Biblia es patrimonio de la humanidad. Es un patrimonio de todos los seres humanos como género humano.

La importancia de La Biblia también se refleja en que Gutemberg, cuando inventó la imprenta, imprimió, como primer libro, una Biblia. Y, de hecho, fue lo mejor que podía haber impreso. Recibió de Dios la sabiduría para inventar la imprenta, algo fabuloso para la cultura de la humanidad y, como contrapartida, honró la obra y Palabra de Dios, y así imprimió, como primer libro, La Biblia. ¡Gracias, Johannes Gutenberg, por haber ayudado a la humanidad con una publicación de un libro tan precioso que sirve no solamente para la vida eterna, sino para la vida terrenal, para saber cómo comportarse! Dios tiene una moral universal que La Biblia transmite y, dentro de esa moral universal, por supuesto, existe el libre albedrío de cada ser humano[17].

---

[17] Nota del editor: Luego de esa maravillosa exposición de Aníbal, el conductor del programa profundizó en el tema durante una breve entrevista que el lector encontrará en el apéndice del presente libro.

COMENTARIO DE LA LECCIÓN 1

LA VERDAD SIEMPRE ES MODERNA

Creo que La Biblia es el mejor don que Dios jamás haya dado a los hombres.

(Abraham Lincoln)

Todo lo antiguo [...] resultaba vagamente sospechoso.

(George Orwell)

Es muy original y novedosa la estrategia que utilizó Aníbal como "defensa" de La Biblia frente a los "ataques" que la califican como libro antiguo que no se aplica a nuestra era. Aníbal conocía la ciencia; la estudió, la enseñó toda su vida, se apasionó por esta y sabía muy bien que, aunque sus principios son muy antiguos, tienen plena vigencia hoy. De la misma manera en que la geometría de los griegos, la física de Arquímedes, el cálculo diferencial e integral de Newton y el álgebra booleana no pierden vigencia por su antigüedad, tampoco La Biblia pierde su legitimidad moral, aunque se trate de una Escritura que tiene más de dos mil años. La fórmula de Aníbal: "La verdad siempre es moderna" no deberíamos olvidarla jamás. Ni el tiempo, ni las circunstancias, ni ningún otro factor alteran la verdad. La atemporalidad es una característica notable de todo lo que es verdadero.

Una de las cosas que más me fascinan de la matemática es su inalterabilidad. Yo también la enseño, y siempre es igual, y pasarán los siglos y permanecerá intacta. Por supuesto, cambiará la manera de enseñarla; utilizaremos las apps de los móviles para su aprendizaje o alguna otra tecnología desconocida aún, pero sus principios no se alterarán jamás. Y, personalmente, no me aburre, porque para mí tiene una especie de magia que la hace siempre atractiva. También enseño Informática a mis estudiantes pero, cada vez que inicio un nuevo curso anual, tengo que cambiar los contenidos, porque ya salió una versión actualizada de la aplicación o ha surgido una herramienta nueva que la reemplaza. Justo cuando he aprendido a utilizar esa herramienta digital con soltura y me he familiarizado completamente con esta, la tengo que abandonar para aprender a usar una nueva herramienta.

Un segundo elemento que destaco de la primera lección de Aníbal es que, como veremos en todas sus lecciones, él nunca pierde la oportunidad de mencionar el gran tema de la oración. De hecho, este era uno de sus temas favoritos y lo trataba recurrentemente para motivar a sus oyentes a orar toda vez que podía hacerlo, aunque no fuera el tema principal de su discurso. Sin importar qué tema estuviese enseñando, Aníbal, siempre, en algún momento, hablaba de la oración. Porque, si es verdad que la oración es el recurso humano más poderoso, no solo deberíamos estar orando sin cesar, sino que la oración debería ser nuestro gran tema de conversación espiritual y nuestra principal práctica religiosa, como lo era para Aníbal.

Para finalizar el resumen de esta lección, quiero desafiarte a utilizar la misma línea argumental de Aníbal en el sentido de la atemporalidad de La Biblia y aplicarla a otros campos académicos, más allá de las ciencias exactas y de las naturales. Y esto es perfectamente lógico si pensamos que la filosofía, el arte, la literatura, la teoría política, la historia, la geografía, el lenguaje y otras ramas del saber universal están basadas en principios inmutables expresados varios siglos atrás, y hasta, en algunos casos, anteriores a la época de Las Escrituras bíblicas.

Por lo tanto, la antigüedad de Las Escrituras que suele utilizarse como argumento cuestionador de su vigencia actual, quizás sea, precisamente, una de sus mayores potencialidades para iluminar a la raza humana sobre cómo debe conducirse en el mundo terrenal y sobre cómo debe ingresar al reino espiritual.

LECCIÓN 2

EL MAYOR SERVICIO CRISTIANO

(Lección enseñada el miércoles 14/03/2001, en la reunión semanal de oración y enseñanza de la Iglesia Transparente de Buenos Aires, Argentina. Aníbal fue pastor de esta congregación por más de 45 años).

Después de su nacimiento en Belén, en cuanto a su aparición en el mundo, el Señor Jesús fue llevado al Templo. Lucas 2:36-38 dice:

Estaba también allí Ana, profetisa, hija de Fanuel, de la tribu de Aser, de edad muy avanzada, pues había vivido con su marido siete años desde su virginidad, y era viuda hacía ochenta y cuatro años; y no se apartaba del templo, sirviendo de noche y de día con ayunos y oraciones. Esta, presentándose en la misma hora, daba gracias a Dios, y hablaba del niño a todos los que esperaban la redención en Jerusalén.

El v. 37 nos marca un hecho importante. Toda vez que un hermano está en la congregación, ya está realizando un servicio, porque La Biblia dice:

No dejando de congregarnos como algunos tienen por costumbre, sino exhortándonos, pensando que el día de la venida del Señor se acerca (Hebreos 12:25).

La sola presencia de un miembro de la Iglesia ya es constructiva. Una vez, escuché a un predicador decir lo siguiente (y en muchos lugares a veces se repite): "Hay hermanos *calientabancos*". Esto es una barbaridad (si llego a encontrarlo personalmente, se lo diré en público). Él pensaba que, si un hermano no está activo o no hace muchas cosas, es un *calientabancos*.

---

*La presencia de un miembro en la iglesia
ya es un servicio a Dios.*

Hay personas a las que, tal vez, no las vemos muy activas o están sentadas pero, con su vida de oración, con su amor, con su afecto, con lo que son, llenan más una iglesia que el propio predicador. La presencia de un miembro en la iglesia ya es un servicio a Dios. A veces, cuando alguien no viene, le decimos: "No sabes lo que te pierdes". ¡No! Hay que decirle: "No sabes lo que le estás haciendo perder a la iglesia si tú no estás". Cada persona es valiosísima y útil allí.

Cuando cumplí veinticinco años de casado, nos hicieron una fiesta. Yo estaba un poco enfermo; a los dos días, tuve un cólico renal. Estaba muy mal. Era una semana terrible para mí. Le pedí a mi médico[18] que me colocara algunas inyecciones porque estaba ilusionado con el festejo. El médico me recetó algo

---

[18] Dr. Aníbal Bottini, miembro de la Iglesia Transparente, fiel discípulo de Aníbal y su médico de cabecera.

y, finalmente, estuve en esa fiesta. Mi señora y yo estábamos sentados. Daniel estaba recién casado; Marinés estaba de novio y Marcos… no recuerdo. Había un gran movimiento en la casa. A mi señora y a mí nos sentaron —aunque yo no podía hacer nada más que sentarme—. Además, allí nos acompañaban dos personas que no se movían: una de ellas era Chabela[19], mi nieta, que tenía solo seis meses, y la otra persona era mi papá[20], que tenía setenta y cinco años. Los dos eran la gloria de la fiesta. Y no vamos a decir que Chabela estaba "calentando la cuna" o mi papá, "calentando la silla". Mi papá, con toda esa carga afectiva de años, de amor al Señor, no hizo nada en esa fiesta. Nosotros queremos hermanos llenos de la vida de Dios, que sirven al Señor con ayunos, con oraciones y que viven la vida cristiana también, porque estar en la iglesia es un servicio.

Muchos dicen: "Yo no sé el don que tengo", pero el solo hecho de poder ser escuchado por Dios, que es quien gobierna todo, se convierte en el servicio más grande que toda persona puede realizar. Pero también es importante que la reunión ya no sea un motivo de encuentro para recibir, sino más bien para servir todos para el crecimiento de la Iglesia, a favor de la juventud, de los niños, en una lucha que pareciera desigual frente a un mundo tan terrible. Pero con Dios somos mayoría. Y también apoyando en oración todos los ministerios de la Iglesia. La reunión de oración es una "usina". Así la describía un hermano predicador hace muchos años cuando levantaba una carpa para orar cuando predicaba. Él decía: "Ahí está la

---

[19] Mi primera hija.
[20] El abuelo Humberto, el que sin ser creyente aún, realizó la oración profética por Aníbal, su hijo. Ver p. 7.

usina". La usina es la central eléctrica que da la potencia. Así también, la reunión de oración es un lugar de servicio y tiene mucha importancia.

Muchos no valoran ese servicio. Las cosas que ocurren y los logros de otros, muchas veces, parecen ser de ellos mismos y, en realidad, son resultados de "otros" que estuvieron en lo secreto. Una vez, un joven predicador le hablaba a un siervo de Dios de los resultados que había en la obra en donde él estaba y sentía alguna urgencia de decidir algunas cosas como a él le parecía. Y este anciano le respondió: "Yo también tengo derecho, porque oro permanentemente por esa obra y también tienen derecho a opinar o aconsejar todos los que han orado por esta".

En otra oportunidad estaba en Jujuy [21] (ahora las cosas son más modernas) y habían llegado aviones que habían intervenido en la guerra de Corea del Sur y Corea del Norte (aviones estadounidenses). Cuatro aviones estaban haciendo acrobacias en el aire, y toda la gente los miraba, pero había uno alrededor de estos que seguramente era el que los estaba guiando, y nadie miraba a ese avión. Todos prestaban atención al espectáculo de los cuatro aviones. A veces Dios puede usar públicamente a alguien, a uno o a otro; pero, para que la obra sea efectiva, detrás tiene que estar actuando Él. Los hombres no salvan: salva Dios. Los hombres no edifican. El Apóstol Pablo dijo: *"Yo planté, Apolos regó, pero el crecimiento lo dio Dios"* (1 Corintios 1:6). *"Si Dios no obra y si Jehová no edifica la casa, en vano trabajan los que la edifican"* (Salmo 127:1).

---

[21] Aníbal se desempeñó muchos años como misionero en la provincia de Jujuy, en el Norte argentino, encomendado por la iglesia donde conoció al Señor, la tradicional iglesia del centro de la ciudad de Zárate.

Se puede enseñar la verdad más claramente pero, si no hay poder de Dios, nada sucede. Por eso es tan importante que el pueblo de Dios clame a quien tiene todo el poder, en el Cielo y en la Tierra.

Hechos 9:11-12 dice:

Y el Señor le dijo: "Levántate, y ve a la calle que se llama Derecha, y busca en casa de Judas a uno llamado Saulo, de Tarso; porque he aquí, él ora, y ha visto en visión a un varón llamado Ananías, que entra y le pone las manos encima para que recobre la vista".

Cuando el Señor se le apareció a Pablo y quedó ciego, una cosa miró el Señor: "He aquí, él ora". Eso mira Dios: a los hombres que claman a Él, porque "los ojos del Señor están sobre los justos, y sus oídos atentos a sus oraciones". Y es llamativo también cómo, a un hombre que no era del pueblo de Israel, pero que ora, Dios le responde. Miremos en Hechos 10:1-2:

Había en Cesarea un hombre llamado Cornelio, centurión de la compañía llamada "La Italiana", piadoso y temeroso de Dios con toda su casa, y que hacía muchas limosnas al pueblo y oraba a Dios siempre.

Dios lo miró, lo oyó y le contestó con un ángel y, después, con el Evangelio. Quiero enfatizar que el mismo Cornelio le cuenta después a Pedro lo que le dijo el ángel: "Tu oración ha sido oída". Dios no es sordo ni ciego.

En Hechos 18:9-10, el contexto es que había muchos problemas en Corinto y, quizás, Pablo estaba a punto de irse, y el Señor le dijo en una visión nocturna: "No temas, sino habla y no calles". Uno observa que el apóstol recibe todas las revelaciones de noche. Quizás sea así porque en ese momento tenía más tiempo, dado que trabajaba, aunque muchas veces habla de que oraba de noche y de día. Y La Escritura continúa:

No temas, sino habla y no calles; porque yo estoy contigo, y ninguno pondrá sobre ti la mano para hacerte mal, porque yo tengo mucho pueblo en esta ciudad.

Vayamos a Hechos 27:23-24:

Porque esta noche ha estado conmigo el ángel del Dios de quien soy y a quien sirvo, diciendo: "Pablo, no temas; es necesario que comparezcas ante César"; y he aquí que Dios te ha concedido todos los que navegan contigo.

¿Qué te sugiere el final del texto: "Dios te ha concedido…"? Que él pidió. Él estaba a salvo. Se hundía el barco y se iba al Cielo. Pablo añoraba ir a la Gloria, porque estar con Cristo es muchísimo mejor, pero él estaba en el barco que se hundía. "Dios te ha concedido…". ¿No es maravilloso? No dice: "Se me ocurrió a mí que no se ahoguen". Dios contestó su petición. Me gusta leer La Biblia, así tal como dice: "Dios te ha concedido a todos los que navegan contigo". Aquí observamos algo muy interesante: si no comprendes algo de La Palabra en su totalidad, debes saber que esta verdad es así, y hay que enseñarla de ese modo. Pedro dice que La Escritura no hay que torcerla, y admite que hay cosas difíciles de entender, pero denuncia que "los indoctos e inconstantes tuercen, como las otras Escrituras, para perdición de sí mismos".

Es cierto que hay párrafos complejos, y Pedro los reconocía en las enseñanzas de Pablo. Observemos Romanos 1:9:

Porque testigo me es Dios, a quien sirvo en espíritu en el evangelio de su Hijo, de que sin cesar hago mención de vosotros siempre en mis oraciones.

"Testigo me es Dios —dice Pablo— de que yo siempre estoy orando por ustedes". Hubo dos grandes predicadores en el siglo XVIII europeo: John Wesley y George Whitefield. John Wesley era un ministro ordenado de la Iglesia anglicana que no era salvo. Tampoco tenía nada claro sobre la salvación, pero tenía un llamado. La Iglesia anglicana, en aquel entonces, era como una Iglesia católica, pero con un Papa distinto del romano. Su Papa era el rey de Inglaterra. Wesley era un predicador. Un día, se encontró con un grupo de hermanos sencillos (los moravos), que eran una especie de comunidad que se reunía, tal como lo hicieron, un siglo después, los hermanos que se denominaron "Hermanos de Plymouth" o "Hermanos Libres". Yo prefiero llamarlos "Hermanos sencillos".

Cuando los vio con fe y muy distintos a él, ellos le explicaron cómo era la salvación. Pero él no tenía fe. Entonces John Wesley les dijo: "Voy a dejar de predicar". Fue entonces cuando uno de esos sencillos hermanos respondió: "Mire, usted sabe cuál es el camino de la Salvación; aunque usted no tiene fe, siga predicando, y un día le llegará". ¿Quién iba a dar semejante consejo?, los niños, los sencillos. Lo primero que hizo fue predicarle a un condenado a muerte, y esa persona tuvo consolación. Él veía que la gente tenía una experiencia de salvación, a diferencia de él. Siguió predicando y, tiempo después, se convirtió. El hecho de que le hubiera costado tanto hizo que después fuera tan aguerrido durante tantos años.

En Colosenses 1:3, Pablo dice:

Siempre orando por vosotros, damos gracias a Dios, Padre de nuestro Señor Jesucristo.

Colosenses 4:2 declara: *"Perseverad en la oración, velando en ella con acción de gracias"*. No hay mucho que decir de la oración porque se trata de una práctica, y no de un concepto. Por ejemplo, no hay que decir mucho sobre comer porque no es una necesidad: es algo que se hace permanentemente. Con la oración sucede lo mismo. Hay principios y acciones que se enseñan en la Palabra que significan que hay que realizarlos siempre, para no desfallecer y continuar hasta la meta.

Hechos 2:42 dice: *"Perseveraban en la doctrina"*, pero el texto también dice que "perseveraban en las oraciones". Es decir, no puede haber una enseñanza sin poder de Dios; se necesitan las dos cosas. Su poder tiene que seguir actuando, y Él seguirá moviéndose por las oraciones que hagamos. Dios actuará también en nosotros. Muchas veces Dios contesta, pero la Iglesia debe seguir perseverando, como lo hacían los primeros creyentes.

1 Timoteo 2:8 dice:

Quiero, pues, que los hombres oren en todo lugar, levantando manos santas, sin ira ni contienda.

Oren en todo lugar. El poder de la oración reside también en mi forma de vivir. Se aprende a orar y se recibe orando. Es una práctica personal permanente, porque dice: "Orad sin cesar". No debe ser una práctica temporaria, sino permanente.

Finalizo esta lección con un texto que me llama mucho la atención en Santiago 5:17-18:

Elías era hombre sujeto a pasiones semejantes a las nuestras [quiere decir que Elías tenía las mismas malas inclinaciones que tenemos nosotros, pero Dios lo escuchó], *y oró fervientemente para que no lloviese, y no llovió sobre la tierra por tres años y seis meses. Y otra vez oró, y el cielo dio lluvia, y la tierra produjo su fruto.*

Santiago no estudiaba las biografías del AT o las vidas de los hombres de Dios simplemente para saberlas, sino para extraer ejemplos. No es cuestión de saber solo que sucedió. Es porque, si a Elías Dios lo escuchó, me puede escuchar a mí también. Había dicho en el versículo anterior: *"La oración eficaz del justo puede mucho"* (Santiago 5:16). Como todas las cosas que vemos en el AT y en el NT, así también ese Dios que actuó antes actúa ahora. Es el Dios de poder, de la gloria que fue y que es, y que está a disposición. Es el Dios que quiere mostrarse en su grandeza a todo ser humano y usarlos, para que trabajen con Dios en la obra más grande: la salvación de las almas.

Si a Elías Dios lo escuchó, me puede escuchar a mí también.

Es notable que Santiago hable de Elías, y no de Eliseo. Eliseo también era un hombre de fe. Veamos lo que sucedió cuando Elías iba a ser arrebatado, en 2 Reyes 2:1-14:

Aconteció que, cuando quiso Jehová alzar a Elías en un torbellino al cielo, Elías venía con Eliseo de Gilgal. Y dijo Elías a Eliseo: "Quédate ahora aquí, porque Jehová me ha enviado a Bet-el". Y Eliseo dijo: "Vive Jehová, y vive tu alma, que no te dejaré". Descendieron, pues a Bet-el. Y, saliendo a Eliseo los hijos de los profetas que estaban en Bet-el, le dijeron: "¿Sabes que Jehová te quitará hoy a tu Señor de sobre ti?". Y él dijo: "Sí, yo lo sé; callad".

Todos sabemos que Eliseo se encuentra al lado de Elías. Él quiere separarse, pero Eliseo se queda; no quiere dejar a Elías. Sigamos leyendo:

Y Elías le volvió a decir: "Eliseo, quédate aquí ahora, porque Jehová me ha enviado a Jericó". Y él dijo: "Vive Jehová, y vive tu alma, que no te dejaré". Vinieron, pues, a Jericó. Y se acercaron a Eliseo los hijos de los profetas que estaban en Jericó, y le dijeron: "¿Sabes que Jehová te quitará hoy a tu Señor de sobre ti?". Él respondió: "Sí, yo lo sé; callad". Y Elías le dijo: "Te ruego que te quedes aquí, porque Jehová me ha enviado al Jordán". Y él dijo: "Vive Jehová, y vive tu alma, que no te dejaré". Fueron, pues, ambos. Y vinieron cincuenta varones de los hijos de los profetas, y se pararon delante a lo lejos; y ellos dos se pararon junto al Jordán. Tomando entonces Elías su manto, lo dobló, y golpeó las aguas, las cuales se apartaron a uno y a otro lado, y pasaron ambos por lo seco.

Observen nuevamente el v. 8: *"Tomando entonces Elías su manto, lo dobló, y golpeó las aguas, las cuales se apartaron a uno y a otro lado, y pasaron ambos por lo seco".* Seguimos:

Cuando habían pasado, Elías dijo a Eliseo: "Pide lo que quieras que haga por ti, antes que yo sea quitado de ti". Y dijo Eliseo: "Te ruego que una doble porción de tu espíritu sea sobre mí". Él le dijo: "Cosa difícil has pedido. Si me vieres cuando fuere quitado de ti, te será hecho así; más si no, no". Y aconteció que, yendo ellos y hablando, he aquí que un carro de fuego con caballos de fuego apartó a los dos, y Elías subió al cielo en un torbellino. Viéndolo Eliseo, clamaba: "¡Padre mío, padre mío, carro de Israel y su gente de a caballo!". Y nunca más lo vio y, tomando sus vestidos, los rompió en dos partes. Alzó luego el manto de Elías que se le había caído, y volvió, y se paró a la orilla del Jordán.

Aquí quiero hacer énfasis. Cuando Santiago habla de Elías, nosotros tendríamos que estar como Eliseo. Eliseo se paró al lado de las aguas del Jordán y cita el v. 14: "Y tomando el manto de Elías que se le había caído golpeó las aguas, y dijo: ¿Dónde está Jehová, el Dios de Elías?".

Cada creyente debería decir: "¿Dónde está Jehová, el Dios de Elías?". La Biblia nos enseña que cada hijo de Dios será escuchado como Elías, y hay una obra superior a las maravillas que hizo Elías: la transformación de las vidas, el crecimiento de la Iglesia, la protección en medio de una ola tan horrible que vive el mundo como nunca se ha vivido.

Finalizo con esa pregunta. Que cada uno se pare como Eliseo y se cuestione: "¿Dónde está Jehová, el Dios de Elías?", frente a lo que Dios pone por delante a cada uno y frente a la Iglesia. La fuerza y el poder que necesitamos dependerá del espíritu de oración que tengamos entre los hermanos, en beneficio de nuestra propia vida, de nuestros hijos, y de todos aquellos que se añadirán.

¿DÓNDE ESTÁ JEHOVÁ, EL DIOS DE ELÍAS?

*Un hombre siempre se entusiasma más sobre el tema
que tiene más cerca de su corazón.*
(Charles G. Finney)

Ya no nos queda duda del extraordinario recurso de la oración que los cristianos tenemos, y de nuestra responsabilidad de ponerla en práctica de manera permanente. También comprendo por qué Aníbal insistía tanto en la necesidad de orar privadamente, en grupo, en la iglesia, en todo lugar.

Algunas veces he oído decir que el énfasis que ponía Aníbal con el tema de la oración era casi patológico, una especie de obsesión psicológica que llenaba toda su conversación y ministerio. Revisando cada uno de los textos en los que basó Aníbal su lección, me doy cuenta de que esas opiniones revelan mucho más la ignorancia en Las Escrituras de quienes las emiten que un conocimiento de la personalidad de Aníbal.

Aníbal subía al púlpito con su Biblia y con una ficha donde tenía las citas de todos los textos bíblicos que utilizaría en su lección. No seguía el formato estándar de la oratoria, ya que no se preocupaba mucho en darle una estructura a su discurso.

Yo era testigo de este sorprendente fenómeno: sin poseer una gracia o carisma especial, sin estrategias oratorias o discursivas, Aníbal se paraba, y la gente lo escuchaba, desde el principio hasta el fin, como cuando daba las clases de física o de química en la secundaria. Y, como sus mensajes no eran muy largos, la gente deseaba seguir escuchando. ¿Por qué pasaba esto? Creo que Aníbal era un profeta; anunciaba lo que Dios le decía que debía anunciar y, cuando eso ocurre, la lección o el discurso se vuelven elocuentes por su propio contenido, tal como ocurría con los profetas de la antigüedad.

Otro detalle que deseo destacar tiene que ver con un aspecto de tipo teológico. Aníbal recalca en su lección que "no se le ocurrió a Dios" el milagro de salvar del naufragio a la tripulación del barco donde viajaba el apóstol Pablo con destino hacia Roma. Efectivamente, el milagro de la salvación se debe a una petición que había hecho el apóstol Pablo. Aníbal pone el énfasis en la oración de Pablo; no apela a la providencia divina, ni a la soberanía de Dios, ni a ningún otro artículo de la ortodoxia teológica. La Escritura de Hechos 27 muestra que Pablo había rogado a Dios por esa tripulación, y Dios responde esa oración.

¿Cuáles eran los planes de Dios? Esta sería la pregunta de la ortodoxia, pero La Escritura revela que la salvación física (y quizás también la del alma) de los tripulantes surge de una respuesta a la oración. Aníbal aprovecha este detalle para dar una lección de Hermenéutica que ningún estudioso de La Biblia debería olvidar: leer lo que dice el texto, con independencia de los anteojos teológicos y de prejuicios del investigador de La Biblia.

LECCIÓN 3

LA POTENCIA Y DEBILIDAD DE JESUCRISTO

(Lección enseñada el lunes 15 de enero de 2001, de 07:00 a 08:00 de la mañana, en Radio Armonía AM 1600 de Argentina, en el programa cristiano El otro enfoque, *conducido por Fernando Lombardo, dentro de la columna quincenal de Aníbal, titulada "Origen del Cristianismo").*

En los escritos de Juan se resalta claramente que quiere demostrar que Jesús es Dios y también es hombre. Juan 1:1 nos muestra que Él era el Verbo:

En el principio era el Verbo, y el Verbo estaba con Dios, y el Verbo era Dios.

Así es cómo el apóstol Juan introduce su escrito. Luego cita algo importante en el v. 14: "Y aquel Verbo fue hecho carne". En la Palabra de Dios, observamos las dos manifestaciones del Señor: su debilidad en la carne y su potencia como Dios. A lo largo de la historia ha habido dos herejías relacionadas con Jesús. Una es más moderna: no reconocer que Jesús es Dios; la segunda, más antigua: Dios no se hizo carne. Y es precisamente en esa manifestación de Dios en "carne" donde está el poder de Dios para perdonar a la humanidad, y reconciliarla con Él. Si bien es cierto que en el AT existe el perdón, este se basa en el sacrificio futuro de Cristo en la cruz. Es decir, la carne de Cristo le permite a Dios hacer algo con el hombre: "perdonarlo". También es un hecho cósmico porque, en esa cruz y en esa debilidad (eso es lo extraño), destruye poderes malignos y expone a principados y potestades a la vergüenza en público. Debido a esto, cuando el Señor lo envía a predicar al apóstol Pablo, le informa:

Para que se conviertan de las tinieblas a la luz, del poder de Satanás a Dios, y para que reciban por la fe que es en mí, perdón de pecados y herencia entre los santificados.

—(Hechos 26:18)

En Jesús se produce un hecho cósmico y la posibilidad de Dios de relacionarse con el hombre. Por eso Cristo "es el camino, la verdad y la vida, y nadie llega al Padre si no es por Él" (Juan 14:6). Ni siquiera el Padre puede venir al hombre, si no es por Jesús[22]. Es un camino de ida y de vuelta, desde el hombre hacia Dios, y desde Dios hacia el hombre. No existe una relación de Dios con el hombre si no es a través del Hijo. Cristo es el centro de todo. El Espíritu de Dios que inspiró Las Escrituras tuvo el objetivo de mostrar al Hijo.

Ni siquiera el Padre puede venir al hombre, si no es por Jesús.

La centralidad de La Biblia está en el Hijo. Si no descubres esta verdad, no le sacarás el provecho que tiene La Palabra de

---

[22] Audaz afirmación que podría estremecer a ciertos teólogos, pero que es bíblica.

Dios, ni comprenderás su objetivo central. Cuando Jesús les habla a los hombres de su época, que creían en el AT, les dice:

"Escudriñad las Escrituras, porque en ellas os parece que tenéis la vida eterna, y ellas son las que dan testimonio de mí" (Juan 5:39).

La Biblia da permanente testimonio del Hijo de Dios. Quien no lo encuentra a Él en La Palabra de Dios, no encuentra la relación con Dios, y no halla su verdadero mensaje. La Biblia nos muestra la perfecta humanidad del Hijo de Dios y la perfección de Dios. Pero la potencia de Cristo está en la debilidad de su carne. Esto es lo tremendo: esa carne que tenía que morir por el pecado de la humanidad. Por eso La Biblia enseña que lo insensato de Dios es más grande que los hombres.

En Juan 4, el apóstol nos muestra las dos características del Señor. Después de haber presentado la eternidad del Hijo de Dios, vemos a Jesús caminando. Dice Juan 4:4-6:

Y le era necesario pasar por Samaria. Vino, pues, a una ciudad de Samaria llamada "Sicar", junto a la heredad que Jacob dio a su hijo José. Y estaba allí el pozo de Jacob. Entonces Jesús, cansado del viaje [agotado de caminar, porque había hecho muchos kilómetros], se sentó junto al pozo. Era como la hora sexta.

Posiblemente cansado y agotado del viaje, Jesús se sentó a descansar como un hombre más. La clave de los escritos de Juan, "Dios hecho carne", nos lo muestra en estos hechos. Esta es la clave del poder salvador de Dios. La debilidad y muerte de Cristo, el poder de Dios y sabiduría de Dios. Es notable lo que nos muestra la Palabra de Dios en 1 Corintios 1:25:

Porque lo insensato de Dios es más sabio que los hombres. Y lo débil de Dios es más fuerte que los hombres.

Juan 6: 31-33 cita:

Nuestros padres comieron el maná en el desierto, como está escrito: Pan del cielo les dio a comer. [Los que hablaban con Jesús se referían a la época de los israelitas que, en el desierto, comían el maná cada día].

Y Jesús les dijo: "De cierto, de cierto os digo: 'No os dio Moisés el pan del cielo, más mi Padre os da el verdadero pan del cielo. Porque el pan de Dios es aquel que descendió del cielo y da vida al mundo'".

Él es el pan de Dios que descendió del cielo, que da vida al mundo. El v. 34 añade:

Le dijeron: "Señor, danos siempre este pan". Jesús les respondió: "Yo soy el pan de vida. El que a mí viene nunca tendrá hambre, y el que en mí cree no tendrá sed jamás".

El hambre espiritual, la necesidad del hombre solo puede suplirla Cristo: "No tendrá hambre el que en mí cree y no tendrá sed jamás". En el v. 47, el Señor afirma:

De cierto, de cierto os digo: "El que en mí cree tiene vida eterna".

Los hombres buscan una proyección de su vida, una manera de trascender, pero la verdadera y principal necesidad humana es poder proyectarse a la eternidad, a una vida que comienza con una relación con Cristo y de características eternas: "El que cree en mí tiene vida eterna". En Eclesiastés 3:11, La Biblia dice que Dios ha puesto eternidad en el corazón de los hombres. Algunos buscan esa trascendencia en la fama, que algo de ellos permanezca para siempre, pero Cristo anhela que se proyecten por la eternidad: "El que cree en mí tiene vida eterna. Todos tienen una existencia eterna, pero no todos tienen vida eterna: El que cree en mí tiene vida eterna".

Volviendo al capítulo 6, vv. 51-52, el Señor Jesús dijo: *"Yo soy el pan vivo que descendió del cielo, si alguno comiere este pan vivirá para siempre* [está hablando de eternidad]; *y el pan que yo daré es mi carne, la cual yo daré por la vida del mundo* ["Yo daré" esa carne, por la vida de ese mundo, el cosmos, la humanidad]. *Entonces, los judíos contendían entre sí, diciendo: '¿Cómo puede este darnos a comer su carne?'"*.

La manera de comer no responde a una acción meramente física, sino que es apropiarse del resultado de su sacrificio, y asimilarlo creyendo, y a la vez, entregándose a Él. Jesús aclarará más adelante el significado de "comer". Es interesante observar lo que dice el apóstol Pablo en la carta a los Romanos, capítulo 8. Negar que Jesucristo es Dios es un suicidio, pero negar su humanidad es negar que Él es el camino por el cual logró la salvación del hombre. En esa debilidad, en esa muerte, y en esa entrega, logró solucionar el problema del pecado del hombre. También hay que reconocer en La Palabra que se trata de un acontecimiento cósmico. Podríamos decir que ese sí es el "Big-Bang" de Dios, porque deshace el pecado, destruye el poder del Diablo y anula la potencia de Satanás. Es decir, hay como una "explosión" en Cristo muriendo en la cruz. Dice el Apóstol Pablo en Romanos 8:3: *"Porque lo que era imposible para la ley"*. La Ley de Moisés no podía cambiar al hombre, porque el hombre, pecador y malo, por más que se lo propusiera, no podía cumplir con lo que Dios le pedía. Podría hacerlo en forma externa, en algunos aspectos, y no siempre, pero la carne es siempre un enemigo de Dios. Dice:

Porque lo que era imposible para la ley, por cuanto era débil por la carne [la carne humana de los pecadores de todos los tiempos, porque no hay bueno ni aun uno], *Dios, enviando a su Hijo en semejanza de carne de pecado* [porque no era carne de pecado ya que Él sí era carne santa, pura, sin mancha, apartado de los pecadores y hecho más sublime que los cielos], *y a causa del pecado, condenó al pecado en la carne* [en la carne de Cristo, esa carne inocente].

Dios envió a su Hijo en semejanza de carne de pecado, como nosotros, pero no igual. Lo que era distinto como hombre era que Jesús no era pecador. Él dijo: *"¿Quién de vosotros me redarguye de pecado?"* (Juan 8:46), lo que significa *"¿Quién me muestra pecado?"*. No había nada de pecado en Él, ni Satanás tenía nada en Él. Y Dios condenó, en la carne de Cristo, el pecado de la humanidad. Allí tenemos el hecho cósmico: la victoria sobre el pecado, sobre la naturaleza pecaminosa del hombre y sobre sus acciones y delitos. Pero también hay que reconocer que La Biblia habla mucho más allá del hombre. En Colosenses 2:14 dice:

Anulando el acta de los decretos que había contra nosotros [porque la ley de Dios condena al hombre], *que nos era contraria, quitándola de en medio y clavándola en la cruz.*

En la cruz, Dios condenó al pecado del hombre en Cristo, el cual era inocente, pero en el v. 15 dice algo cósmico e invisible:

Y, despojando a los principados y potestades [se está refiriendo a seres celestiales malignos], *los exhibió públicamente, triunfando sobre ellos en la cruz.*

Allí en la cruz, Él triunfó. ¡Qué tremendo! En esa muerte está el triunfo del Señor. En Filipenses 2:6 dice:

El cual, siendo en forma de Dios, no estimó el ser igual a Dios como cosa a que aferrarse.

Jesucristo no se aferró a su condición de Dios. Si Él se hubiera defendido como Dios, no se realizaba la redención. A Él lo vemos cansado del camino, y con hambre y con sed. Él nunca hizo un milagro para alimentarse a sí mismo, pero sí para darles de comer a los demás. Se mostró como Dios para bien de los demás.

> *Él nunca hizo un milagro para alimentarse a sí mismo,*
> *pero sí para darles de comer a los demás.*

Ciertos teólogos dicen que Él se vació de su divinidad. ¡Jamás! En todo caso, lo hizo solamente en el sentido de que no la aprovechó para Él mismo. Ese texto hay que interpretarlo según el contexto de los vv. 7-8:

Sino que se despojó a sí mismo, tomando forma de siervo, hecho semejante a los hombres [¿Por qué no era igual a los hombres? Porque no era pecador. ¡Semejante! Es semejanza de carne de pecado]; *y, estando en la condición de hombre, se humilló* [se bajó] *a sí mismo, haciéndose obediente hasta la muerte, y muerte de cruz.*

Volvamos a Juan 6. La Palabra de Dios es verdad, y se puede mostrar de muchas maneras. Por ejemplo, en las profecías cumplidas y en sus detalles, se observan aspectos de la divinidad de Cristo. Y también tenemos que reconocer que hay un misterio profundo en todo esto, pero que es verdad, porque la Palabra de Dios es verdad. Dice en los vv. 53-54:

Jesús les dijo: "De cierto, de cierto os digo: si no coméis la carne del Hijo del hombre, y bebéis su sangre, no tenéis vida en vosotros. El que come mi carne y bebe mi sangre tiene vida eterna; y yo lo resucitaré en el día postrero".

Vemos, en la frase "… tiene vida eterna", que la relación con Cristo produce una nueva creación en el individuo. Por eso el apóstol Pablo, en 2 Corintios 5:17, dice unas palabras maravillosas:

De modo que si alguno [y aquí cada oyente —o lector— puede ser ese alguno] *está en Cristo nueva criatura es* [nueva creación es], *las cosas viejas pasaron, he aquí todas son hechas nuevas.*

Se produce una obra de Dios en la persona de Cristo. Pero dice más en Juan 6:54, que ya hemos leído: "… tiene vida eterna". Quien participa del sacrificio de Cristo ya es una nueva creación, aunque el pasaje anterior aclara: "… yo le resucitaré en el día postrero". No solamente Cristo ahora lo salva espiritualmente de la condenación y lo relaciona con Dios, sino que, en el día postrero, le dará un cuerpo nuevo. En relación con este tema, dos herejías suelen repetirse en la historia: una es no reconocer que Jesucristo es Dios, y la segunda, no reconocer que Jesucristo es Dios venido en carne. El apóstol Juan, en 1 Juan 4:2, dice:

En esto conoced el Espíritu de Dios: todo espíritu que confiesa que Jesucristo ha venido en carne es de Dios.

Y en 2 Juan 1:7 dice:

Porque muchos engañadores han salido por el mundo, que no confiesan que Jesucristo ha venido en carne. Quien esto hace es el engañador y el anticristo.

Dios se hizo carne. Juan 6: 55-60 dice:

"Porque mi carne es verdadera comida y mi sangre es verdadera bebida. El que come mi carne y bebe mi sangre en mí permanece y yo en él. Así como me envió el Padre viviente y yo vivo por el Padre, también el que me come vivirá por mí. Este es el pan que descendió del cielo; no como vuestros padres comieron el maná y murieron; el que come de este pan, vivirá eternamente". Estas cosas dijo en la sinagoga, enseñando en Capernaún. Al oír esto, muchos de sus discípulos dijeron: "Dura es esta palabra, ¿quién la puede oír?".

Cuando la carne de Cristo murió en la cruz, ocurrió algo que estaba profetizado por David. Dice el Salmo 16:8-9:

A Jehová he puesto siempre delante de mí; porque está a mi diestra, no seré conmovido. Se alegró por tanto mi corazón y se gozó mi alma; mi carne también reposará confiadamente.

Aquí, evidentemente, David no habla de sí mismo. Era Cristo quien estaba hablando, profetizando, o estaba hablando del Cristo o del Hijo de Dios, del Mesías: "Mi carne reposará confiadamente". Cristo, su carne muerta, reposó confiadamente en la cruz porque se levantaría. Por eso dice el v. 10: *"Porque no dejarás mi alma en el Seol, ni permitirás que tu Santo vea corrupción"*. Es decir que no se iba a descomponer. La carne de Cristo no se descompuso, porque se levantó de entre los muertos. Y el apóstol Pedro aprovechó esto cuando predicó por primera vez. Y esas son las llaves. Muchos creen que Pedro tiene unas llaves en el cielo como las *Acytra o Elefante*[23]. "Las llaves del Reino de los Cielos" se refiere a que él empezó a predicar a Jesucristo, y entonces empezó a abrir el cielo para los hombres.

---

[23] Marcas comerciales de llaves de cerradura de puertas.

Abrió. Dice la Escritura: *"A ti te daré las llaves"* (Mateo 16:19). Cuando él predicó por primera vez, lo hizo en Jerusalén, donde los compatriotas, los judíos que lo escuchaban, podían saber que David había muerto y que su cuerpo se había descompuesto. Entonces, ¿qué dice Pedro en Hechos 2 citando el mismo Salmo?:

Porque David dice de Él: "Veía al Señor siempre delante de mí; porque está a mi diestra no seré conmovido. Por lo cual mi corazón se alegró y se gozó mi lengua, y aún mi carne descansará en esperanza. Porque no dejarás mi alma en el Hades, ni permitirás que tu Santo vea corrupción. Me hiciste conocer los caminos de la vida; me llenarás de gozo con tu presencia. Varones hermanos, se os puede decir libremente del patriarca David que murió y fue sepultado, y su sepulcro está con nosotros hasta el día de hoy. Pero, siendo profeta, y sabiendo que con juramento Dios le había jurado que, de su descendencia, en cuanto a la carne [porque el Señor fue descendiente de David en cuanto a la carne, ya que María era descendiente de David], levantaría al Cristo que se sentase en su trono, viéndolo antes, habló de la resurrección de Cristo, que su alma no fue dejada en el Hades, ni su carne vio corrupción. A este Jesús resucitó Dios, de lo cual todos nosotros somos testigos".

Quisiera agregar la cita de Lucas 24:39-41, cuando el Señor se presentó, ya levantado, libre de los dolores de la muerte. Y les dijo a sus discípulos:

"Mirad mis manos y mis pies, que yo mismo soy. Palpad y ved, porque un espíritu no tiene carne ni huesos, como veis que yo tengo". Y, diciendo esto, les mostró las manos y los pies.

Él ahora es carne, pero una carne resucitada, no sujeta a debilidades. Misteriosamente, en Él habita corporalmente toda la plenitud de la divinidad en ese cuerpo resucitado. Dice: "…un espíritu no tiene carne ni huesos [huesos resucitados] como veis que yo tengo". Desde ese mismo cuerpo eterno, Él promete no solamente la salvación eterna, sino que ese cuerpo eterno y glorioso lo promete también a todos los que creen en Él. Él es Dios sobre todas las cosas, bendito por los siglos. Amén.

COMENTARIO DE LA LECCIÓN 3

LA HUMANA DEBILIDAD

La realidad no tiene la menor obligación de ser interesante.
(Jorge Luis Borges)

Uno de los elementos singulares en esta lección de Aníbal lo observamos cuando explica el concepto de vida eterna de Juan 6:47, y nos muestra la necesidad humana de trascender a través de sus obras. Cristo viene a satisfacerla, pero de una manera completamente diferente e infinitamente más completa: otorgándonos vida eterna. No nos provee cosas que perduran, sino que nos hace perdurar a nosotros mismos.

Sin embargo, lo que más deseo destacar de esta lección está relacionado con que muy pocas veces se puso el suficiente énfasis en la debilidad de Cristo vinculada a su naturaleza humana. Cristo, al adoptar nuestra naturaleza, se vio restringido a nuestra existencia terrenal y, con ello, a todas las limitaciones humanas.

¿Cómo puede Dios hacerse un humano limitado, restringido y acotado? Aunque no se quiera admitir, la muerte en la cruz es la máxima y típica expresión de debilidad humana, que no se deja de señalar en esta lección. Aníbal reafirma que "…

la potencia de Cristo está en la debilidad de su carne". Aunque nunca dejó de ser Dios, se sometió a las restricciones de su humanidad. Es una verdadera paradoja teológica, un ser divino pero limitado, y por propia voluntad. Sin embargo, al mismo tiempo de describir la debilidad humana de Cristo, Aníbal señala que Jesús nunca se vació de su divinidad. Cuando tenía que satisfacer las necesidades de la gente, en esa circunstancia, actuaba como Dios pero, cuando tenía que satisfacerse a sí mismo, se despojaba de la divinidad. Esclarecedora explicación del enigma de su "vaciamiento". De la misma manera que la realidad terrenal no tiene por qué tener determinadas características impuestas por los prejuicios humanos, así también las realidades divinas, los planes de redención y las formas de implementación en la encarnación no tienen por qué ajustarse a los prejuicios teológicos. En la ficción, Borges se refiere a la realidad de la escena de un crimen, mientras que Aníbal lo enseña en materia de revelación divina.

LECCIÓN 4

LA CAMA MATRIMONIAL[24]

(Lección enseñada el sábado 24 de abril de 1999, en la Iglesia Cristiana Evangélica en Villa Pueyrredón, barrio de la Ciudad de Buenos Aires, en una reunión de matrimonios).

En mi portafolio traigo algunas cosas que, mientras desarrollamos el tema, pueden ser útiles. Para hablar sobre el matrimonio, en realidad, una hora es muy poco tiempo. Tantas veces he tomado este tema… pero igual sigo preguntándome cómo lo abordo. Cuando los hermanos me lo propusieron, con gusto acepté y, entonces, voy a ser práctico en lo que La Biblia establece sobre el tema. Voy a usar textos bíblicos y los comentaré aplicados a nuestra actualidad. Le pedí al Señor que me guiara para desarrollar este tema. Mi primera cita remite a Hebreos 13:4 (yo soy un hombre al revés: para leer, me saco los anteojos y, para mirar de lejos, sí los uso):

Honroso sea en todos el matrimonio y el lecho sin mancilla. Pero a los fornicarios y a los adúlteros los juzgará Dios.

---

[24] Esta lección 4 se complementa y se reitera en la lección 8, aunque los títulos que les asigné no parezcan vincularse.

He traído otras versiones para ver distintas traducciones:

Sea el matrimonio honroso en todos y el lecho matrimonial sin mancilla, porque a los inmorales y a los adúlteros los juzgará Dios.

Tengan todos en alta estima el matrimonio y la fidelidad conyugal, porque Dios juzgará a los adúlteros y a todos los que cometen inmoralidades sexuales.

Aquí vemos un texto algo extraño dentro de la epístola a los Hebreos. Y digo "extraño" porque el pasaje viene tratando cosas celestiales (como el Hijo de Dios sirviendo en el santuario celestial, intercediendo a favor de los creyentes, un Lugar Santísimo al que se entra por la sangre de Cristo) y, de golpe, repentinamente, el texto señala que "honroso sea, en todos, el matrimonio". Uno puede decir: "Bueno, está bien". Pero no se conforma con eso el autor, y agrega: "… y el lecho…", o sea, la cama. No sé por qué el traductor utiliza el término "lecho", cuando nosotros usamos "cama".

Los paganos creían que era pecado el sexo en el matrimonio, pero no debería pensarse así entre los cristianos. El paganismo introdujo la idea de que hay pecado en el sexo, y Dios tenía que corregir eso. Dios no tiene problemas con el sexo, sino con la práctica inadecuada del sexo. Por eso dice, después, "fornicación", o sea, los que tienen relaciones sexuales sin casarse o que cometen otro tipo de inmoralidades. También dice "adúlteros", refiriéndose al sexo de personas casadas fuera del matrimonio. Eso también está condenado, porque Dios no nos trata como animales que se mueven solo por instinto, sino como personas, y Dios ha querido que el matrimonio sea honroso y la intimidad matrimonial sea algo sagrado, reservado únicamente para ese ser con el cual uno se casó. Aquí La Biblia es terminante: no tiene problema con el matrimonio, pero sí tiene problema con cualquier otra cosa que esté fuera de este. Por eso dice que Dios juzgará a los que estén fuera de ese modelo.

Quería mostrarles esta Escritura porque revela claramente que en el matrimonio debe haber intimidad sexual o sexo. Esto no salva al matrimonio, pero sí muestra cómo funciona el matrimonio. Al tratar este tema, siempre comencé enseñando sobre el área espiritual que incluye lo sexual, ya que este aspecto también está presente en La Biblia. Pero ahora comienzo desarrollando este asunto de otra manera y, en lugar de empezar aconsejando a las parejas prematrimoniales o a matrimonios, me remito a los textos directos de La Biblia sobre el particular, y luego veo hasta dónde sigo interactuando con estos.

Lo sexual también está presente en La Biblia.

Considero que, si no existe esa intimidad maravillosa que Dios ha creado en el matrimonio, esto puede deberse a varias causas. Una de estas podría ser creer que lo sexual no es espiritual. Eso sería entrar en el paganismo griego que se introdujo en la Iglesia. Los paganos griegos creían que el sexo era pecado, e introdujeron esa idea en el cristianismo. Esa idea pagana hace que, a veces, hombres o mujeres se abstengan o dilaten el encuentro íntimo, porque creen que de esa manera son más espirituales. Esa idea pagana, que consiste en considerar que el sexo es sucio, hace que muchas veces hombres o mujeres rechacen la práctica sexual matrimonial. Una segunda causa puede ser que no tengan la intimidad porque hay resentimientos entre ellos:

ese es otro pecado. El resentimiento y el enojo hay que quitarlos. La primera causa, abstinencia por falsa espiritualidad, es pecado pero, en la segunda, la abstinencia por negación también lo es cuando es producto de un resentimiento que hay dentro de los cónyuges.

En cuanto al primer error o la idea pagana de que la intimidad sexual no es espiritual, ya había dicho el apóstol Pablo que esa mentira iba a circular. En 1 Timoteo 4, vemos cómo aborda La Biblia el tema en forma práctica. Dice en la traducción NVI:

Pero el Espíritu dice claramente que en los postreros tiempos algunos abandonarán la fe, para seguir a inspiraciones engañosas y doctrinas diabólicas.

En la traducción RVR1960 dice:

Pero el Espíritu dice claramente que en los postreros tiempos algunos apostatarán de la fe, escuchando a espíritus engañadores y a doctrinas de demonios.

Creer que el sexo en el matrimonio es un pecado es una doctrina de demonios. Observen lo que dicen los vv. 2-3:

Por la hipocresía de mentirosos que, teniendo cauterizada la conciencia, prohibirán casarse.

Creer que el matrimonio es un pecado o que es pecado la unión matrimonial es una doctrina demoníaca. Voy a leerlo en la traducción de *La Biblia de las Américas* y compárenlo:

Mediante la hipocresía de mentirosos que tienen cauterizada la conciencia, prohibiendo casarse y mandando abstenerse de alimentos que Dios ha creado, para que, con acción de gracias, participen de ellos los que creen y que han conocido la verdad.

El v. 3 lo voy a leer en su versión:

Prohibirán casarse y mandarán abstenerse de alimentos que Dios creó, para que con acción de gracias participen de ellos los creyentes y los que han conocido la verdad.

Si hay alguien que tiene que disfrutar de lo que Dios creó, ese es el creyente y todos los que han conocido la verdad. La Biblia es terminante. Pero agrega: "… con acción de gracias", y esto es muy interesante. Cuando viene una pareja a casa a recibir consejo prematrimonial, yo les digo que, antes o después, o antes y después, agradezcan juntos al Señor por esa intimidad que van a tener o que tuvieron. Denle gracias al Señor y pídanle que los bendiga al hacerlo, porque en esa relación está Él. No es algo que les está dando Satanás, porque el sexo no lo creó él. ¿Quién lo creó? Todo lo que Dios creó es bueno, y nada es de desecharse, si se toma con acción de gracias. Así como damos gracias por los alimentos, hay que dar gracias por esa intimidad, y esto lo vuelve a repetir en el v. 4:

Porque todo lo que Dios creó es bueno y nada es de desecharse si se toma con acción de gracias, porque por la Palabra de Dios y por la oración es santificado.

La palabra de Dios dice que el sexo en el matrimonio es santo y, cuando oramos agradeciendo, lo santificamos. Con La Palabra está santificado y con nuestra oración, así como todo lo que Dios nos da.

El sexo es parte de la vida matrimonial, pero también expresa el cariño que hay, revela las ideas que se tienen, si son paganas o cristianas, tal como si en este edificio hubiera un termostato. ¿Cómo conozco la temperatura de la casa?, con un termómetro que activa el funcionamiento del termostato. De manera semejante, el sexo revela cómo está funcionando la afectividad y espiritualidad de la pareja. Es una especie de termómetro que está midiendo cómo está funcionando todo lo demás.

El sexo es parte de la vida matrimonial, pero también expresa el cariño que hay entre ambos cónyuges.

Hay una tercera causa que a veces no se tiene en cuenta. Es un aspecto que no se relaciona con una idea equivocada sobre el sexo, ni tampoco es un resentimiento, que es pecado y que hay que arreglarlo con el Señor, y que, como dije, no debe impedir la intimidad. Este tercer factor es el descuido. La pareja decide no tener esos encuentros, o uno de los integrantes no atiende a su compañero o compañera. Generalmente se piensa que este descuido ocurre solo con las mujeres, pero también se da en los hombres. Se denomina "negación al sexo", y La Palabra de Dios está en contra de eso (ya lo desarrollaré más adelante).

Hace unos veinte años, visité a una pareja que estaba teniendo problemas sin poder identificar el conflicto específico. En un momento de la charla, el hombre dijo algo que me dio la clave, e identifiqué el porqué del problema. Él me dijo: "Yo estoy bien con el Señor, porque vivo lleno de tentaciones, y las soporto". Yo le pregunté: "¿Cómo es que tienes tantas tentaciones? Tu mujer es hermosa". Y agregué para suavizar el posible conflicto que intuía: "Algunas parejas tardan quince días para volver a tener intimidad sexual". En ese punto, ella interrumpió y dijo: "Ojalá fueran quince días". Era él quien se negaba a la intimidad, no sé por qué razón, pero no tenía intimidad con su mujer.

Y eso lo hacía vivir lleno de tentaciones como consecuencia. El asunto es que una mujer y un hombre no pueden vivir bajo el mismo techo sin tener intimidad, porque Dios la ha diseñado para acercarlos y para afianzar la cotidianeidad. En este sentido, considero que hay algo extraño, enigmático, profundo, emotivo, más allá del acto placentero. Pero, al mismo tiempo, hay algo que es explosivo como una bomba, para separar y destruir, si no se practica el sexo. Así ocurría en este caso; por eso no se podían tolerar. Por el contrario, si se ejerce esta intimidad saludable, resulta un medio para consolidar la pareja.

Pablo usa esa intimidad para mostrar la relación de unidad entre Cristo y el creyente. Dice: *"El que se une al Señor, un espíritu es con Él"* (1 Corintios 6:17). Así como la unión de un hombre y de una mujer en amor y en sexo es un gran misterio, uno mucho más grande es el que señala Pablo: *"Yo digo esto respecto de Cristo y de la iglesia"* (Efesios 5:32).

Sobre la base de esta enseñanza anterior, aconsejé a este matrimonio, llevándolos a 1 Corintios 7. El hermano del que les hablé recibió el consejo; lo cumplió, y todo cambió en su matrimonio. Tanto fue así que, hace unos meses, le dijo a mi señora: "Hace veinte años vino un ángel a mi casa". Para él, mi visita le cambió la vida. Por mi parte, nunca le pregunté por qué había actuado de esa manera errónea. ¿Por qué se negaba? Nunca lo supe, pero siempre pensé que se había equivocado.

Concretamente, el versículo que utilicé para su caso fue el siguiente: 1 Corintios 7:1: *"En cuanto a las cosas de que me escribisteis, bueno le sería al hombre no tocar mujer"*.

Pablo afirma lo anterior no porque sea pecado tener una esposa para acariciar, sino porque en aquella época había problemas de persecuciones, y el apóstol proponía que los hombres y las mujeres se dedicasen exclusivamente al servicio. De todas maneras, no todos eran llamados a esa renuncia, y Pablo lo reconocía así. El peligro de la persecución era formar una familia y que luego lo llevaran preso al hombre y quedase toda su familia abandonada. Y dice: "… bueno le sería", porque a Pablo le hubiera gustado que todos fueran como él, para dedicarse con más fuerzas al servicio, predicando por todas partes. Leamos el v. 2:

Pero, a causa de las fornicaciones [o sea, de los pecados que se cometen o las tentaciones], *cada uno tenga su propia mujer, y cada una tenga su propio marido.*

El texto enfatiza que cada uno tenga su propia mujer y que cada una tenga su propio hombre, el suyo. Y es notable cómo está escrito el v. 3, que ninguno traduce como corresponde, a mi juicio, correctamente. Revisemos cómo dicen nuestras traducciones y versiones actuales:

El marido cumpla con la mujer el deber conyugal, y asimismo la mujer con el marido.

En tanto el esposo, como la esposa, deben cumplir con los deberes propios del matrimonio.

El marido cumpla su deber para con su mujer e igualmente la mujer la cumpla con el marido.

El hombre debe cumplir su deber conyugal con su esposa, e igualmente la mujer con su esposo.

Pablo no especifica tanto los términos de este compromiso, así que les voy a leer también la antigua versión, que tampoco lo traduce como está en el griego original: "El marido pague a la mujer la debida benevolencia".

La primera parte del versículo está bien traducida, pero el término "benevolencia" no aparece en el original, así como tampoco el término "matrimonio". El griego original dice: "El marido pague a la mujer la deuda". Ese hermano del que les hablé no estaba pagando su deuda física, emocional y espiritual con su esposa. Y, cuando él se casó, se "hipotecó". Todo el que se casa, de alguna manera, se "hipoteca", contrae una deuda que no se termina de pagar nunca al estilo de las deudas de los Gobiernos del mundo. A diferencia de los Gobiernos, esta deuda es un compromiso feliz de pagar, una carga hermosa que Dios ha puesto. El autor de Corintios dice: "El marido pague a la mujer la deuda y asimismo la mujer al marido".

Personalmente, estoy convencido de que ningún tratado de sexología trata el tema tan bien como lo trata La Biblia. Los tratados de sexología abordan el problema desde el punto de vista solamente fisiológico, pero esta cuestión, en los matrimonios, es qué pensamiento tienen respecto al sexo y cuáles son sus actitudes. Al tener una actitud correcta hacia el sexo, la fisiología se va aprendiendo y "acomodando" con el desarrollo de la pareja. Esto es así porque uno puede conocer muy bien la fisiología del sexo, pero no tener la perspectiva, y, por lo tanto, no disfrutarlo. Eso no quita que siempre sea bueno avanzar en el conocerse uno al otro, también en el aspecto biológico de la relación.

En otra oportunidad, un predicador, que habló en un casamiento, me comentó: "Mire, cuando me tocaba predicar el domingo, yo ya no le daba ni un beso a mi señora, desde el jueves anterior", pensando que, actuando así, santificaba su sermón. Fíjense en las ideas equivocadas que tenía. Por eso quiero echar luz sobre este tema, ya que hay que sacarse muchas aproximaciones a la santidad que son erróneas. Claramente, esa decisión equivocada producía en su esposa el efecto contrario buscado. Y, además, al no tener intimidad sexual con su esposa, eso haría menos poderosa su predicación debido a las tentaciones a las que estaría expuesto o, simplemente, por no estar cumpliendo su deber ante su esposa y ante Dios.

A continuación, veamos brevemente el v. 4: *"La mujer no tiene potestad sobre su propio cuerpo"*.

Acá dice el apóstol que, desde en el momento en que se casó, ella no tiene más autoridad sobre su cuerpo, pero tampoco el marido tiene potestad o poder sobre su propio cuerpo. A partir del matrimonio, ambos se satisfacen mutuamente, considerando los respectivos deseos y necesidades mutuos.

Por otra parte, me interesa puntualizar que Dios no está en contra de los anticonceptivos, mientras no sean abortivos. Creo, y en esto coincido con muchos médicos, que, aparte de los riesgos que implica para la mujer, el dispositivo intrauterino es un abortivo, porque se fecunda el óvulo, y el dispositivo no permite que se pueda implantar. Y, de hecho, a veces ocurre de todos modos, y hay un embarazo. Quiere decir que hay vida y, por lo tanto, hay una vida que se destruye, sin mencionar los riesgos de salud que corren en su salud muchas mujeres que lo utilizan. En resumen, a los efectos de la planificación familiar, considero que cada pareja debe usar el método que menos problemas les traiga. Y, fundamentalmente, creo que, como mejor "regulador" de la proyección familiar y de toda la intimidad conyugal, debe existir el acuerdo en la mutua entrega con el fin de no defraudarse el uno al otro. Y, en el caso de acordar en un período de abstinencia, entiendo que debe justificarse por un tema de dedicar ese período de tiempo a la oración en pos de un objetivo común.

Por supuesto, a veces, la abstinencia se presenta por situaciones especiales. Puede existir, por ejemplo, algún problema físico o psicológico pero, en el amor, siempre, de alguna manera u otra, pueden continuar la intimidad y el cariño físico. En cualquier momento, y a diferentes edades, algunas situaciones se pueden presentar. También es una realidad que muchas veces no hay amor ni interés recíproco en la pareja porque uno o ambos no están bien con Dios, algún integrante no es creyente o, si lo es, no se ha puesto a cuentas con Dios por sus pecados.

Hay algo más que resulta novedoso en este capítulo 7 de 1 Corintios. Supongamos que ambos se ponen de acuerdo en no tener intimidad sexual, pero no por motivos de oración mutua, ni por limitaciones físicas, sino por una libre decisión voluntaria de ambas partes. El texto señala que está prohibida la abstinencia en los casados, así como dice en el capítulo 6 que está prohibida la práctica sexual entre los solteros. Supongamos que, en el ejemplo que mostré del marido no interesado en la intimidad, la esposa toma la iniciativa y él responde que no va a acceder porque se va a dedicar a la oración, ¿cuál de los dos se está comportando de una forma no espiritual?, ¿él o ella? Claramente, en este escenario, el que está desobedeciendo a La Escritura es el varón. Luego, para no unirse sexualmente entre casados, deben cumplirse tres condiciones: los dos de acuerdo, por un solo motivo (la oración), y por muy poco tiempo.

Traigo una historia más, referida a la situación de un problema físico en un miembro de la pareja. Vino a consultarme un matrimonio de no cristianos, ambos de unos cuarenta años; el varón experimentaba problemas de impotencia sexual. La esposa pensaba que la pérdida de la pasión de su esposo se debía a una pérdida del cariño por ella, y él creía que la causa era porque él no veía a su esposa tan atractiva como antes. Ante estas ideas equivocadas, el marido buscó una mujer más joven para vincularse sexualmente y, como era de esperar, no solucionó su problema físico. Ante esa situación, al comprender lo superior que era su esposa frente a esa compañía casual que había buscado, le confesó el hecho a su mujer, a la que se le hacía muy difícil perdonarlo. Los invité a ambos a aceptar a Jesucristo como Salvador, como inicio para recuperar su matrimonio. El marido argumentó: "Fui a dos psicólogos. Ambos me dijeron que hice lo correcto, y que lo que estuvo mal fue comentarlo con mi esposa". ¿Qué les parece? A veces se dan situaciones físicas en la vida que pueden resultar pasajeras, o bien se puede acudir a la ayuda profesional médica, por si se trata de una dificultad fisiológica que puede ser solucionada.

Quiero dejarles un texto más, que para mí concentra el valor del matrimonio, en Juan 2, donde se presenta a Jesucristo asistiendo a una boda:

Al tercer día se celebró una boda en Caná de Galilea, y la madre de Jesús se encontraba allí. También habían sido invitados a la boda Jesús y sus discípulos.

Aquí Jesús se hace presente, dándole, con su majestad, el valor fundamental que tiene el matrimonio. Y quiero contarles que, en aquella época, no solamente estaban en la fiesta, sino que, a veces, esperaban a que los novios entraran a la cámara nupcial y después salieran, luego de haber estado juntos. En nuestra cultura no se hace esto, pero quiero señalar que en esa época no había problemas en relación con la intimidad.

¡QUÉ BUENA HIPOTECA!

Comed, amigos; bebed en abundancia, oh, amados.
(Salomón)

Primeramente, quiero destacar la memorable y admirable estrategia para abordar el tema del sexo en el matrimonio. Y, en segundo lugar, subrayo que esta herramienta fue buscada por él en oración y provista por Dios como guía para tratar de manera tan práctica este tema.

Como siempre, Aníbal arranca evitando toda presentación con rodeos y yendo al texto de Hebreos 13:4. Y, como si este inicio fuera todavía poco directo, se enfoca en el término "lecho", que critica, porque debió traducirse como "cama". Seguidamente, Aníbal critica al paganismo y al platonismo, que *envenenaron* la cultura occidental al afirmar que todo lo vinculado al cuerpo es siempre algo malo, algo sucio, casi demoníaco e inmundo.

Como Aníbal era un verdadero pastor, acumulaba un gran número de experiencias y de anécdotas a partir de sus conversaciones y consejos a cualquier persona que se le acercaba. Además, Aníbal tenía muy buena memoria, de manera que siempre recordaba alguna historia que enriquecía su discurso en gran parte del tiempo de su exposición: una situación matrimonial anormal, el área sexual de una pareja de fieles creyentes en Cristo. ¡Qué maestría para combinar esa historia verídica con la enseñanza de 1 Corintios 7! Efectivamente, no hay manera más poderosa de mostrar el lado positivo del sexo en el matrimonio que quien lo esté enseñando exprese sus sentimientos y su vivencia en primera persona.

Apelando a sus conocimientos del griego del NT, Aníbal argumenta que el sentido preciso de la enseñanza de ese capítulo es que se trata de un pago, de la cancelación parcial de una deuda contraída el día del casamiento. También describe con precisión cuál es la única razón para abstenerse de la práctica frecuente de la unión sexual (o del pago) y, por otro lado, rechaza y descarta las innumerables razones que las parejas podrían exhibir para no cumplir con esa práctica.

Finalmente, la presencia de Jesús en una boda judía y su participación activa e imprevista en la parte del programa vinculada a la provisión de vino sería otro argumento contundente en contra de las ideas diabólicas que establecen que todo lo vinculado al cuerpo y a la satisfacción de sus apetitos es malo y sucio. Dios es el Creador del cuerpo, de su recreación, de su alegría, del placer, del vino y del sexo. Parece ser que Dios es infinitamente más fascinante, interesante, atractivo, carismático, placentero, encantador y agradable que lo que nos han informado ciertas teologías y algunos púlpitos.

LA BIBLIA: PATRIMONIO DE LA HUMANIDAD
PARTE 2

(Esta lección es continuación de la lección 1 de este libro, ense-ñada el sábado 13 de julio de 2002, en Radio Visión, AM 1380, de Argentina, en el programa cristiano El otro enfoque, *conducido por Fernando Lombardo).*

Para retomar el tema de la Lección 1, me referiré a un hombre, George Boole[25]. Él vivió solamente 49 años, desde 1815 hasta 1864. Fue un genio que supo revolucionar nuestra forma de pensar, a la vez que simplificó el razonamiento matemático. Observó cómo los seres humanos utilizamos el lenguaje natural para realizar afirmaciones o negaciones, y esos principios los formalizó de manera matemática. Sin darse cuenta, estaba intentando modelar cómo funcionaba nuestro cerebro, en forma matemática, sencilla y con las proposiciones del lenguaje común. Por mi parte, debo agregar que considero que eso fue creación de Dios en nuestra mente.

Él observó cómo razonamos mientras hablamos, y comenzó a unir estos conceptos usando la lógica con la matemática, el

---

[25] Matemático británico.

razonamiento con el álgebra, y formulando así una nueva rama de la matemática: el álgebra de Boole. Esta disciplina es un álgebra tan sencilla y tan simple que actualmente se enseña en universidades y en escuelas técnicas especializadas en química y en electrónica. Gracias a esa matemática, un joven investigador, en el año 1935, se dio cuenta de que esa matemática tan sencilla podía aplicarse a los circuitos electrónicos. Y, entonces, fabricó la primera computadora, pero sin transistores: tenía válvulas inmensas. Después, esta misma máquina se fabricó con fines militares.

Como las computadoras no piensan por sí mismas, necesitan ser programadas. Entonces, aplicando ese lenguaje a estas máquinas, estas podían hacer algo de lo que nosotros hacemos con nuestra mente. Debido a esto es que las máquinas hacen cosas que nosotros deberíamos hacer, pero estas las ejecutan mucho más rápido, con el programa que nosotros les fabricamos. Luego, con el tiempo, este sistema tecnológico se hizo más compacto: vinieron los transistores, los circuitos integrados. Pero siempre siguió basado en esa matemática del siglo XIX. Es decir que, sin esta, hoy no tendríamos computadoras.

¿Qué quiero decir? A través de este ejemplo, me baso en un pasado que, a su vez, identifico como producto de la mente humana. El álgebra de Boole es la base de toda la arquitectura de las computadoras, y todos los que trabajan en su diseño saben lo que significan los operadores booleanos[26], y todo ese conocimiento es del siglo XIX. Boole lo obtuvo de la creación de Dios:

---

[26] Como ejemplo de operadores booleanos, tenemos AND (Y), OR (O), NOT (NO). Son palabras o símbolos que permiten conectar de forma lógica conceptos o grupos de términos, o expresiones lógicas y matemáticas.

nuestra mente. Hoy las máquinas pueden funcionar gracias a ese conocimiento, y por eso se estudia esa matemática en una materia denominada "Técnicas Digitales"[27] de la cual surge la expresión "sistemas digitales".

Ahora, pasaré a mostrarles algo muy sorprendente que está en La Biblia.

Comencemos por Génesis 1:1:

En el principio creó Dios los cielos y la tierra.

La Tierra y los cielos son creación de Dios. Ahora, en el NT hay una expresión de la cual, hasta que vino Einstein, todos se reían, sobre todo los incrédulos. Los hombres que creían en La Biblia lo hacían porque La Palabra la mencionaba, y no se equivocaron. Y, cuando vino Einstein, se comprobó una vez más que era verdad. Por eso negar La Biblia es un *suicidio* o, por lo menos, es reírse de uno mismo. Dice en Hebreos 11:1:

Es, pues, la fe la certeza de lo que se espera, la convicción de lo que no se ve. Porque por ella alcanzaron buen testimonio los antiguos.

La cita anterior explica que, para tener un buen comportamiento, para ser un buen testigo de Dios, hay que tener fe en Él, y en lo que dice Dios. Y el v. 3 continúa diciendo:

Por la fe entendemos haber sido constituido el Universo por la palabra de Dios, de modo que lo que se ve fue hecho de lo que no se veía.

Este versículo incluye la frase "por la fe" y, aunque antes no se sabía, hoy ya está confirmado que lo que se ve está hecho de lo que no se ve.

[27] Aníbal fue profesor durante varios años de esta materia para alumnos del último año de la Escuela Técnica con especialidad en Electrónica.

El autor de este libro del NT, hace casi 2000 años, expresaba que "… lo que se ve fue hecho de lo que no se veía", y muchos se burlaban de esta Escritura. ¿Cómo puede ser que el objeto que toco y que veo esté hecho de algo que no se ve? Sin embargo, Einstein descubrió que sí, que lo que se ve está hecho de algo que no se ve. Einstein obtuvo el Premio Nobel de Física en el año 1921. Vivió desde 1879 hasta 1955. Descubrió que la materia está formada por energía. La energía no tiene peso, no se ve, ni se puede tocar. Cuando él se dio cuenta de eso, afirmó que, si nosotros destruimos un poco de materia, se genera una energía fabulosa. Se dio cuenta de que, destruyendo materia, se puede producir una energía tremenda. A partir de este descubrimiento, lamentablemente, el hombre inventó un artefacto siniestro, que llamó "bomba atómica". En su accionar, se destruye un poco de materia, muy poca, y se transforma en una energía terriblemente destructiva. ¿Qué ocurriría si llegara a soltarse toda la materia, convertirse completamente en energía? Si solo un kilo de carbón se transformara totalmente en energía nuclear (o sea que lo desintegremos en vez de utilizarlo como combustible químico[28]), tendríamos energía suficiente como para que un tren diese la vuelta al mundo. Es decir, hay una energía concentrada. Cuando se destruye materia, como ocurre con el uranio de una bomba atómica o con el de las centrales nucleares, se produce la ruptura del átomo de uranio. Esa ruptura genera otros dos átomos que, sumados, tienen menos masa. Además, se produce una energía tremenda, calórica, y de

---

[28] Se refiere a realizarle al kilo de carbón una reacción nuclear o atómica, no una reacción química, como sucede en la combustión de ese carbón. La energía liberada en la primera es abismalmente mayor que en la segunda.

otros tipos. Esa energía de calor no tiene peso; no se ve, no se puede tocar; así, con este hecho se comprueba que lo que se ve está hecho de lo que no se ve. Einstein, en el siglo xx, descubre que La Biblia tenía razón.

¿Vamos a esperar que vengan otros einsteins que nos demuestren que las otras partes de La Biblia son verdad? Gracias a Dios que los hombres anteriores a Einstein creyeron lo que Dios postuló en La Biblia. Y no se equivocaron. Creer La Palabra de Dios es no equivocarse, y no creer es equivocarse, sufrir, hacer sufrir, errar, lamentarse. Así como Dios creó todo, al ser nuestro Consejero, nos indica cómo debemos manejarnos pero, al alejarnos de su guía, deambulamos por la vida sin timón ni brújula. Y un barco sin brújula no tiene ninguna manera de guiarse. Por eso considero que esta verdad es grandiosa: "… lo que se ve está hecho de lo que no se veía".

1 Corintios 3:19-20 (RVR1960):

Porque la sabiduría de este mundo es insensatez para con Dios, pues escrito está: Él prende a los sabios en la astucia de ellos. Y otra vez: el Señor conoce los pensamientos de los sabios, que son vanos.

Una cosa es el sabio, y otra es el científico. No hay que confundir sabiduría con ciencia. Una persona puede ser un científico, y no ser un sabio. Ocurre que un sabio es aquel que sabe conducirse ante Dios, la vida y los demás, aunque tal vez no conozca nada de la ciencia. Por otro lado, hay científicos que no saben cómo conducirse en la vida y, por lo tanto, no son sabios. Por eso La Biblia nos da la verdadera sabiduría. Este pasaje es interesante porque, allí, sabiduría no es sinónimo de ciencia. Por supuesto, hay científicos que son sabios, como Newton que, junto con su conocimiento científico, ha sabido conducirse en la vida, siendo un fiel creyente. En una oportunidad, leí en un diario que un periodista había escrito: "Un sabio atómico mató a su esposa con una escopeta". Ese hombre no sabía lo que era un sabio; tendría que haber escrito "un científico atómico", no un sabio porque, si mató a su esposa, era un necio, o sea, lo contrario de un sabio. Por lo tanto, el periodista confundió un científico con un sabio. El sabio es aquel que sabe vivir, que conoce la voluntad de Dios, obedece La Palabra, y sabe aplicarla y vivirla. Y el Señor, en su bondad, nos da esa sabiduría y nos enseña la manera de obtenerla: "El principio de la sabiduría es el temor de Dios".

No temer a Dios y no honrarlo es una necedad. La persona que no reconoce al Creador no es sabia. Muchos creen que la inteligencia está relacionada con el coeficiente intelectual, o con la capacidad que una persona tiene para la matemática, la lengua u otras disciplinas. ¡No! La Biblia dice que inteligente es el que se aparta del mal; ese es un ser inteligente y un sabio. Quien teme a Dios lo honra, lo respeta y trata de hacer lo que él le pide, de agradarlo. Esta persona es sabia, inteligente y apartada del mal. Pero el descubrimiento de Einstein también sirvió para otras cosas. Si bien es cierto que con este se hicieron artefactos para el mal, también se utilizó y se sigue aplicando para el bien. Por ejemplo, en Argentina, tenemos centrales atómicas en Atucha y en Embalse Río Tercero[29], que producen electricidad. En esas centrales atómicas, en lugar de usar un combustible como petróleo o fueloil (u otros), se utiliza un combustible atómico

---

[29] En Argentina, ya tenemos tres centrales nucleares que aportan en total unos 1800 MW a la red eléctrica. Dos de estas están en Atucha, provincia de Buenos Aires, a 100 km de la Capital, y la restante en la provincia de Córdoba.

nuclear: uranio natural argentino. Este mineral es *bombardeado*, dicho en forma sencilla, para producir su ruptura. Y así, con poco material, se obtiene una gran energía. Se trata de un invento moderno desarrollado a partir del descubrimiento de Einstein, y que se aplica para el bien de la humanidad[30].

Siendo Dios el Creador del átomo y de todo el universo, obviamente, sabe cómo fabricar un reactor atómico. El Sol[31] que nosotros miramos (yo lo considero como una especie de reactor atómico) es un invento de Dios, para darnos calor desde tan lejos, una luz que no puede mirarse, porque no es una llamita: es un reactor atómico abiertamente expuesto, para nada escondido. En una oportunidad, al observarlo, le dije a Dios: "Dios, que hiciste semejante artefacto, ayúdame". En ese momento pensé que Dios, teniendo tanto poder para fabricar tal instrumento, ¿cómo no iba a poder ayudarme? El gran predicador Savonarola[32] decía que el Sol era una lámpara colgada. Cierto: es una lámpara diseñada como un reactor atómico que nos está calentando, pero lo maravilloso es que no tiene computadora y, sin embargo, no produce el calor todo de golpe. Si lo hiciera, todos moriríamos (como ocurriría con una bomba atómica).

---

[30] Dios me dio el privilegio de trabajar varios años como químico, analizando muestras de los materiales nucleares. He comprobado, de cerca y de primera mano, lo complejo de esas instalaciones, sobre todo para mantener la seguridad del sistema. Los riesgos de accidentes están sumamente acotados por la cantidad de controles redundantes que poseen.

[31] Utilizo la mayúscula para designar el Sol como objeto de la Astronomía, ya que Aníbal está hablando del Sol en un contexto científico. Lo mismo valdría para designar la Luna y la Tierra. Por el contrario, utilizo la minúscula para "sol" en cualquier otro contexto, por ejemplo, la utilización del sol en un poema o en un contexto metafórico. Obviamente, esta distinción en la escritura no se advierte en el discurso oral.

[32] Girolamo Savonarola, predicador italiano (1452-1498).

Cuando es verano, no es que el Sol da más calor: es que la Tierra está en otra posición pero, si llegara a aumentar (o disminuir) la intensidad de calor del Sol, ¡pobres de nosotros! El Sol envía calor y, para poder enviarlo a todo el espacio, tiene que consumir materia[33], y gasta alrededor de seis millones de toneladas de materia por segundo. Ese calor que nos llega es producto de la conversión de materia en energía, tal como lo señaló La Biblia: "… lo que se ve está hecho de lo que no se ve". Lo que se ve se está destruyendo, desintegrando, para que nos llegue una energía que no tiene peso, que no se puede tocar y que, después, de noche, ya no se ve más. Dios utiliza su reactor atómico para darnos vida a nosotros y para mantenernos.

Las estrellas funcionan igual que el Sol, ya que también son reactores atómicos. Ambos son una maravilla de la inteligencia de Dios, para mantener la vida en la Tierra. Dios es el creador de todo esto, y más. Él puede hacer lo que quiere con nosotros, porque no es un ser ausente: está vivo, es todopoderoso. Por eso La Biblia enseña que el necio dice en su corazón que no hay Dios. Esto es una gran locura, una gran insensatez.

Dios es el creador de todo. Él puede hacer lo que quiere con nosotros: está vivo y es Todopoderoso.

---

[33] La materia que opera como combustible nuclear del Sol es el hidrógeno, y el proceso se denomina "fusión" (unión de núcleos atómicos livianos), a diferencia de las centrales nucleares, donde el proceso es una fisión nuclear (ruptura de núcleos atómicos pesados). En ambos procesos, se pierde materia, que se convierte en energía, tal como lo explicó Aníbal. 77 Rayos X y radiación gamma, entre otros.

Dios hace que el Sol salga sobre buenos y malos, pero es un sistema tremendamente complicado, ideado por Dios para nosotros. Todas las cosas que el hombre descubre, incluso el átomo, ya existían antes de ser *descubiertas* por el ser humano. Dios pone en marcha su creación a favor nuestro, en este caso, el Sol y las estrellas, que nos dan calor, luz y vida.

El reactor de una central nuclear (habrán visto algunas fotografías) está rodeado de una cubierta de cemento de un metro de espesor, porque las radiaciones terribles que mandaría hacia afuera matarían a todos los que trabajan allí. Entonces, lo envuelven en una cúpula de cemento, y el reactor lo colocan en un pozo. En una oportunidad, antes de que el reactor de Atucha I se pusiera en funcionamiento, lo visité con mis alumnos para ver el sitio donde se ubicaría. Una vez encendido, nadie puede trabajar ahí adentro; se maneja desde afuera, y con una protección. El hombre, para salir al espacio cuando llegó a la Luna, llevaba un incómodo traje; el vidrio del casco del astronauta es opaco, y no se le puede ver la cara, porque no deja pasar los rayos. No se puede ver hacia adentro por seguridad. En la Luna no hay atmósfera; entonces, hay que protegerse de los rayos. Los hombres, para estar protegidos, tendríamos que vivir con un traje similar permanentemente, y no duraríamos mucho tiempo, porque algunos rayos atraviesan la cobertura. ¿Qué hizo, entonces, Dios? En lugar de ponernos un "traje" a cada uno, le puso un traje a toda la Tierra, y nos movemos dentro de ese "traje", para que esa radiación no nos mate, y para que solo a través de este pasen las radiaciones buenas, que permiten la vida. ¿Te parece que es una casualidad? Indudablemente, Dios hizo todo con su gran inteligencia.

La Tierra viaja a cien mil kilómetros por hora alrededor del Sol, y todos vamos viajando en esta cápsula espacial, con aire, presión justa, oxígeno, temperatura adecuada, protegidos de los rayos cósmicos y peligrosos del sol. Es extraordinario.

Dice Marcos 13:31: *"El cielo y la tierra pasarán, pero mis palabras no pasarán"*. Jesús nos enseña que el Cielo, la Tierra, el Sol pasarán, pero que lo que Él dijo nunca dejará de existir. Y esta afirmación se reitera en los evangelios de Mateo y de Lucas.

El Señor Jesucristo dijo que este universo se va a deshacer, pero que lo que Él dice no va a concluir. Las palabras de Dios son cosas que no se ven: son eternas, y a Él hay que oírlo. Dios dijo: "Este es mi Hijo amado, a Él oíd". También lo dijo en el Monte de la Transfiguración: "… a Él oíd". Y esta última frase de Dios para el hombre dice que "oigan" directamente a Cristo, a diferencia de épocas anteriores en que había hablado por medio de los profetas.

La Carta a los Hebreos nos enseña que lo que se ve está hecho de lo que no se ve. Por eso, cuando hablo del poder de Dios, es para que puedan buscar ese poder, esa fuerza en Él en la situación cuando nadie puede ayudarlos: ni el pastor, ni el sacerdote, ni el psicólogo, ni nadie. En ese momento, solo hay un Dios que puede ayudarlos. Muchas veces Dios usa a los hombres, pero a veces los hombres no pueden hacer nada, y La Biblia dice: "¿De dónde vendrá mi socorro?". ¿De los hombres? ¡No! Mi socorro viene de Jehová, que hizo los cielos y la tierra[78]. ¡Dios, sé propicio a mí, pecador, ven a mi auxilio! ¡El único que puede ayudarme y arreglarme eres Tú, o no es nadie! Y la Palabra agrega algo más extraordinario: *"Si alguno está en Cristo, nueva creación es"*

(2 Corintios 5:17). Es decir, se puede hacer de nuevo. Si aún no sabes cómo estar en Él, Cristo puede incluirte en Él.

El apóstol Pablo, en la Carta a los Corintios, dice que "por Él estáis en Cristo" (1 Corintios 1:30). Dios los puso en Cristo. Él te traslada desde las tinieblas, a la luz admirable del Hijo de Dios: al Reino de Dios.

Las cosas buenas de los hombres las aceptamos; son hermosas y las disfrutamos. Por ejemplo, no podríamos hacer radio hoy sin esos descubrimientos. Por esa *deuda* con la sociedad es que debemos compartir La Palabra en agradecimiento por los bienes que nos dan todas las personas que han trabajado por nuestro bienestar, siempre y cuando comprendamos que el bienestar completo y total está con Dios.

En esa Carta, donde hemos leído lo que después descubrió Einstein, acerca de que lo que se ve está hecho de lo que no se ve, contrasta con lo que el Señor dijo: "… los cielos y la tierra pasarán, mas mis palabras no pasarán". La Biblia habla de una catástrofe que hubo en el pasado, un diluvio universal, pero la segunda catástrofe consistirá en que se deshaga todo, y esas palabras las captó el apóstol Pedro. El Señor dijo: "El cielo y la tierra pasarán, mas mis palabras no pasarán", y el apóstol Pedro, que no conocía nada de energía atómica y que fue un simple pescador, dice en 2 Pedro 3:10:

Pero el día del Señor, vendrá como ladrón en la noche, en el cual los cielos pasarán con gran estruendo…

Aquí está hablando de una explosión. Es como quitarles todo el sostén a todos esos átomos, a toda la materia y que se deshaga todo; es equivalente a soltar toda esa energía. El mismo Ser que la armó la va a desarmar. Y sigue el texto:

… y los elementos ardiendo, serán deshechos, y la tierra y las obras que en ellas están serán quemadas. Puesto que todas estas cosas han de ser deshechas, ¡cómo no debéis vosotros andar en santa y piadosa manera de vivir, esperando y apresurándoos para la venida del día de Dios, en el cual los cielos, encendiéndose, serán deshechos, y los elementos, siendo quemados, se fundirán!

—2 Pedro 3:10-12

¿De dónde sacó esta información Pedro? ¿Quién se la enseñó hace dos mil años? Y finaliza La Escritura:

Pero nosotros esperamos, según sus promesas, cielos nuevos y tierra nueva, en los cuales mora la justicia (2 Pedro 3:13).

En esta Tierra no habrá justicia, mientras haya hombres que no sigan a Dios, y mientras los que sí lo seguimos nos comportemos injustamente. Por eso esperamos cielos nuevos y tierra nueva, donde vive o mora la justicia.

Hebreos 1:1-2 cita:

Dios, habiendo hablado muchas veces y de muchas maneras en otro tiempo a los padres por los profetas [en el pasado habló por los profetas], *en estos postreros días, nos ha hablado por el Hijo* [la última palabra de Dios al hombre son las palabras de su Hijo, su Hijo, que es Dios eterno], *a quien constituyó heredero de todo, y por quien asimismo hizo el universo.*

Por la fe, dice La Palabra, entendemos que el universo fue constituido por la Palabra de Dios; está hecho de lo que se ve y de lo que no se ve. Por Él, por Jesucristo, hizo Dios el Universo. Sigue el v. 3:

El cual, siendo el resplandor de su gloria y la misma imagen de su sustancia, y quien sustenta todas las cosas con la palabra de su poder

[Cristo sustenta todo con la palabra de su poder], *habiendo efectuado la purificación de nuestros pecados por medio de sí mismo* [en la cruz, en su cuerpo de carne, hizo la purificación de nuestros pecados, pagando nuestros pecados, Él mismo, por medio de sí mismo], *se sentó a la diestra de la Majestad en las alturas.*

Dice que "… sustenta todas las cosas". Allí, la palabra "sustentar", no es la que corresponde con el original griego. El término utilizado es "arrastra"[34]. El Señor Jesucristo está arrastrando la historia y todo a su destino, como una locomotora que lleva todos los vagones; así tracciona todo y todas las cosas. Jesucristo puede ser tu Salvador, o tu Juez: tú eliges. Ahora bien, el evangelio de Juan habla sobre las enseñanzas y vida de Cristo.

Jesucristo puede ser tu Salvador, o tu Juez: tú eliges.

El texto de Juan 1:1 dice lo siguiente:

En el principio era el Verbo, y el Verbo era con Dios, y el Verbo era Dios. Este era en el principio con Dios.

El término "verbo" significa "palabra", "acción"; podríamos definirlo de muchas maneras. Es el *logos*, el origen de todo. Dice en el v. 14:

Y aquel Verbo se hizo carne, y habitó entre nosotros, y vimos su gloria, gloria como del unigénito del padre, lleno de gracia y de verdad.

---

[34] El original griego es *phero*, que se debió traducir como "arrastrar", "llevar", "traer". Este mismo término se utilizó en el relato de Marcos 2:3, donde unos amigos "llevaron" al paralítico a Jesús para que lo sanara, y también cuando en Marcos 15:22 dice que "llevaron" a Jesús a un lugar llamado *Gólgota*.

Dijo el Señor Jesucristo en Apocalipsis 1:8:

Yo soy el Alfa y la Omega, principio y fin, dice el Señor, el que es y que era y que ha de venir, el Todopoderoso.

¿Qué dice al final? "El Todopoderoso". Ahora quisiera leerles un famoso comentario de este texto. Es muy interesante lo que dice sobre el Señor Jesucristo. Lo escribió el doctor Pierson[35], en la revista *The Witness*:

Este es uno de los grandes pasajes, tal vez, el mayor en la Biblia, que nos da una entrada a las cosas profundas de Dios. Tiene un valor especial, por cuanto es lo que el Señor Jesús dice en este libro (Libro de Apocalipsis). No está hablando Dios el Padre, pues se titula: "La revelación de Jesucristo" (Apocalipsis es Revelación). Y, luego de la introducción, este es el saludo y forma como se presenta a sí mismo a los lectores: "Yo soy el Alfa y la Omega".

Esta observación es interesante porque reafirma que el Verbo es la Palabra, y Él dice que es el Alfa y es la Omega, la primera y última letra del abecedario griego. Hablando del libro de la Revelación o del Apocalipsis, sigue diciendo:

Hay una llave que nos permite la entrada, o sea, la llave que a.bre la cerradura del libro, la cual es indispensable para abrir y poder contemplar en él, tan gloriosa, maravillosa y hermosa enseñanza.

Este es un libro muy difícil de entender hasta que conseguimos la "llave". Si sabemos utilizarla, las cosas profundas e importantes del libro serán claras y fáciles de entender. Pero estas "llaves" no solo nos abrirán el entendimiento del libro, sino que también nos mostrarán el carácter e historia de la obra

---

[35] Pierson, Arthur Tappan (1837-1911), gran predicador y promotor del movimiento misionero estadounidense de fines del siglo XIX.

de Cristo. Yo soy el Alfa y la Omega. Alfa es la primera letra del alfabeto griego, y Omega es la última, y el alfabeto es la base de toda escritura. Esto indica su relación con las Sagradas Escrituras, La Biblia. Él es el principio, el Alfa, y el fin, la Omega de La Biblia, de las Sagradas Escrituras. Él es el que tiene la última palabra. No podemos entender Las Escrituras, si no conocemos y entendemos primero a Jesucristo. Él se halla en todas estas, desde el Génesis hasta el Apocalipsis, el principio y el fin, el que da inicio y terminación a toda la creación y a su porqué, pues Él es la sustancia de Las Escrituras. Por lo tanto, es el centro de la historia.

Él creó y ordenó el mundo; por ende, la historia tuvo su principio, curso y fin por su acción. Además de historia, Cristo es eternidad, ya que La Biblia dice: "… quien es y quien era, y quien ha de venir". "Yo soy el Alfa y la Omega, principio y fin", dice el Señor, el Todopoderoso, quien es y quien era, y quien ha de venir. Esto es lo que cubre toda la eternidad, el pasado, el presente, el futuro. Esto no es otra cosa que una traducción del verbo *Yahvé*, Jehová, que no tiene traducción a otro lenguaje; se menciona en el Salmo 68:4 como *Jah*, que significa "Él siempre vivo y presente", y da la noción de Dios, mirando desde lo alto hacia abajo, como una nube que desde el cielo cubre y observa la tierra y nuestra vida diaria. Y esto es solamente la tercera parte del significado del nombre "Jehová". No obstante, siendo Él quien es, quien fue, y quien vendrá, encontramos en Éxodo 3:6: "Yo soy el Dios de…". O sea, el Dios de Abraham, Isaac y de Jacob, haciéndonos considerar tres tiempos: el de Abraham, el de Isaac y el de Jacob. O sea, quien es, quien fue y quien vendrá.

Además, hay partes de Las Escrituras en las cuales el nombre de Jehová es aplicado al Señor Jesús. En el NT se demuestra que Él es igual al Padre, el que siempre vive, simulando que Él es un gran puente que une un costado a otro de un río muy ancho. El Señor Jesús, de igual manera, une el gran espacio de la eternidad, conectando el pasado con el futuro eternal. Qué grande debe ser Aquel a quien se le atribuyen estas maravillas. Continuamente encontramos, en ese maravilloso libro de referencia, información sobre la existencia de nuestro Señor, cubriendo las eternidades. En el libro de Apocalipsis leemos: "Y el que vivo, y estuve muerto, mas he aquí que vivo por los siglos de los siglos. Amén".

Él está vivo. Y, por supremo mandato del trino consejo del cielo, gobierna todo, y tiene las llaves de la muerte y del Hades. Qué maravillosas palabras: "Tengo las llaves del Hades y de la muerte, pues Él es nuestro Salvador".

Estos versículos también explican sus tres nombres: Jesús, Cristo y Señor. Cuando los ángeles cantaron en Belén (Lucas 2:13), dijeron a los pastores: *"Os ha nacido hoy un Salvador, quien es Cristo, el Señor"*. Citaron estos tres nombres, al igual que Jesús (Mateo 1:21). "Cristo" significa "ungido", elegido para salvar. "Señor" significa "Rey supremo", y estos tres nombres cubren todo el carácter de Cristo.

En cambio, la palabra "Jesús" está conectada especialmente con el sufrimiento y con la crucifixión. Y el nombre de "Cristo" se relaciona con el Espíritu Santo, por cuanto Cristo significa "uno que ha recibido ungimiento", especialmente referido a la consumación de la salvación del hombre y a la regeneración del mundo perdido.

COMENTARIO DE LA LECCIÓN 5

TENGAN CUIDADO CON EL QUE CREÓ EL REACTOR ATÓMICO

Buen día, Sol. / Has roto mi ventana (calienta ya mi cama). / En uno de tus rayos montaré. / Nunca se sabe /cuándo dejarás/ de darle al planeta / luz y calor.

(Miguel Mateos[36])

En toda oportunidad que puede, Aníbal aprovecha su lección para hablar de la oración. Reflexionando sobre las características del Sol, hace una oración: "Dios, que hiciste semejante artefacto, ayúdame". Su oración está siempre ligada al poder del receptor de esa oración y, fundamentalmente, a que Aníbal experimentaba a diario una relación íntima con su Creador. En cuanto al destinatario de la oración, Aníbal utiliza el mismo argumento que utilizó el profeta Amós, llamando al arrepentimiento del reino del Norte, Israel:

Buscadme y viviréis [...]. Buscad a Jehová y vivid [...]. Buscad al que hace las Pléyades y el Orión, y vuelve las tinieblas en mañana, y hace oscurecer el día como noche; el que llama a las aguas del mar

---

[36] Miguel Mateos, 1982, canción "Va por vos, para vos" en el álbum *Zas*.

y las derrama sobre la faz de la Tierra; Jehová es su nombre (Amós 5: 4,6,8).

Es decir, le oramos a un Ser Todopoderoso; le estamos pidiendo ayuda a quien todo lo puede hacer, y sin ninguna limitación. Es un gran argumento para cultivar y desarrollar la vida de oración. Como consecuencia de las características omnipotentes de Dios, es también notable la advertencia que Aníbal hace a sus estudiantes al hablarles del complejísimo Universo que nos rodea: "Tengan cuidado con el que creó ese reactor atómico. Tengan cuidado de darle las espaldas, porque Él puede hacer lo que quiere con nosotros, porque no es un ser ausente: está vivo, es Todopoderoso. Por eso La Biblia enseña que el necio dice en su corazón que no hay Dios. El que dice así está loco: eso es lo que quiere decir ser necio".

Señalé como singular la advertencia de Aníbal, porque el cristianismo evangélico contemporáneo ha ocultado en sus discursos toda referencia al gran peligro en que se encuentran los seres humanos alejados de Dios. Parece que hubiera cierto temor de ofender al auditorio si se habla de la condenación, del juicio divino, de la ira divina, del pecado, del infierno, y de tantos otros temas vinculados a nuestra condición humana sin Dios. Sospecho que la gente, en todas las épocas de la historia y de todas las sociedades, no ha sido tan permeable a un discurso que hable del amor de Dios, como sí lo ha sido frente a un mensaje que los confronte con su realidad perdida, arruinada y bajo la ira de Dios, tal cual la presenta Romanos 1:18-32.

La ciudad de Nínive se convirtió a Dios, no por una predicación de Jonás sobre el amor de Dios, sino porque su mensaje era de juicio inexorable. No niego la eficacia poderosa del mensaje de gracia y de amor de Dios por medio del sacrificio de Jesucristo, porque es la base de nuestra fe. Solo destaco el hecho de que, junto con el mensaje del amor divino, es necesario comunicar la presencia de ese otro factor de nuestra condición humana: el enorme peligro en el que se encuentra una persona que no toma en cuenta a Dios.

En el mismo sentido, Charles Colson relata que las últimas palabras que pronunció Francis Schaeffer antes de morir fueron: "… y al final de este siglo solo quedará un eco de la verdad"[37], refiriéndose a cómo el cristianismo del fin de sus días ha *aguado* el mensaje bíblico para no ofender a las personas. Entonces, el aforismo de Aníbal: "Jesucristo puede ser tu Salvador, o será tu Juez. Tú eliges" me parece una acertada síntesis de la Teología Bíblica, porque combina la Gracia y Amor de Dios, con su Justicia y con su Santidad. La grandeza, el poderío y lo sublime del Señor Jesucristo explicitado en la Creación deberían ser llamados de atención para considerar lo que Dios nos dice, y obrar de acuerdo a su voluntad.

Esta gran lección de Aníbal finaliza con la lectura de un artículo publicado hace más de cien años por uno de los mayores eruditos bíblicos del siglo XIX, en donde comenta la famosa fórmula bíblica "Yo soy el Alfa y la Omega". Es un texto largo para ser leído completo, pero Aníbal optó por leer gran parte de ese artículo como cierre de su programa radial. Creo que fue una decisión acertada, porque el énfasis y entonación que Aníbal puso al leer ese artículo, sumados a la profundidad de su contenido, contribuyen a reforzar la motivación del lector para captar el mensaje de Jesucristo.

---

[37] Colson, Charles, 1995, *La fe en práctica*, Deerfield: Editorial Vida, p. 64.

LECCIÓN 6

EL TRATO ENTRE HERMANOS

(Lección enseñada el miércoles 25/09/2004, en la reunión semanal de oración y enseñanza de la Iglesia Transparente de Buenos Aires, Argentina).[38]

El evangelio de Lucas trata el tema del perdón, y a esto me referiré a continuación. En Lucas 7 se explicita que el perdón por una falla es una gracia, algo que uno no merece y, por tanto, no hay otra manera de subsanarlo. En ese texto hay algo muy precioso. Cuando el Señor está comiendo en la casa del fariseo, viene a verlo una mujer pecadora como cualquiera de nosotros puede serlo. Pero lo que se detalla en esa Escritura es que ella había sobresalido en el pecado. Ella vino a verlo, le habló llorando, y le regó con lágrimas los pies al Señor. Entonces, este fariseo, con el fin de negar la inteligencia del Señor, lo ofendió diciendo: "Si este hombre fuera profeta, conocería quién es la

---

[38] Pido disculpas a los lectores por la muy mala calidad del audio de esta lección. El lector deberá realizar un gran esfuerzo para entenderlo. Aun en esas precarias condiciones, es iluminador y motivador escucharlo.

mujer que le toca". Mientras, la mujer lloraba sobre sus pies y secaba los pies del Señor con sus cabellos. Dice Lucas 7:36-38:

Uno de los fariseos rogó a Jesús que comiese con él. Y, habiendo entrado en casa del fariseo, se sentó a la mesa. Entonces, una mujer de la ciudad que era pecadora, al saber que Jesús estaba a la mesa en casa del fariseo, trajo un frasco de alabastro con perfume. Y, estando detrás de él a sus pies, llorando, comenzó a regar con lágrimas sus pies, y los enjugaba con sus cabellos, y besaba sus pies, y los ungía con el perfume.

Este acto de la mujer es un agradecimiento al haber sentido en su espíritu el perdón del Señor. Como ella tenía tanta deuda con Dios, la única manera de solucionarla era el perdón, ya que lo que había hecho no permitía ningún arreglo con Dios. Seguimos leyendo los vv. 39-41:

Cuando vio esto el fariseo que le había convidado, dijo para sí: "Este, si fuera profeta, conocería quién y qué clase de mujer es la que le toca, que es pecadora". Entonces, respondiendo, Jesús le dijo: "Simón, una cosa tengo que decirte". Y él le dijo: "Di, Maestro". "Un acreedor tenía dos deudores: el uno le debía quinientos denarios [más de un año y medio de trabajo] *y el otro debía cincuenta* [casi dos meses de trabajo]".

Esta parábola que hace el Señor sobre el acreedor y los deudores concluye en el v. 42: "*Y no teniendo ellos con qué pagar, perdonó a ambos*".

Ahora bien, el término que el Señor usó no es una palabra que significa que rompió los papeles, que signifique: "Acá no pasó nada". ¡No! Hay una donación junto al perdón. El perdón del Señor, como el que muestra ese acreedor, es un perdón que realmente perdona, pero pagando Él con su propia sangre, y el acreedor, con su patrimonio. Si bien hay cierto balance entre el costo de pedir perdón y el que Dios asume al otorgarlo, siempre el último es mucho mayor. Por eso decimos que el perdón es una donación que tuvo un gran costo para Jesucristo. Dice que perdonó a los dos "no teniendo ellos con qué pagar". Ahora, la pregunta de Jesús es la siguiente en el v. 42:

Di, pues, ¿cuál de ellos estará más agradecido? Respondiendo Simón, dijo: "Pienso que a aquel a quien perdonó más". Y Él le dijo: "Rectamente has juzgado".

Y entonces hace la comparación. Pareciera que el Señor está queriendo mostrar que hay un fariseo que debe menos, y otra persona, en el otro extremo, que debe más, pero ninguno de los dos tiene con qué pagar. Todos necesitan el perdón de Dios para estar bien con Él. Entre la deuda de cincuenta y la de quinientos, estamos todos. La única manera de solucionarla es el perdón de Dios. Necesitamos una donación, una gracia que a Dios le costó el sacrificio de su Hijo. Le costó a su Hijo donar su sangre. No debemos olvidar que somos personas perdonadas.

Leamos ahora Efesios 4:22-25:

En cuanto a la pasada manera de vivir, despojaos del viejo hombre, que está viciado conforme a los deseos engañosos, y renovaos en el espíritu de vuestra mente, y vestíos del nuevo hombre, creado según Dios, en la justicia y santidad de la verdad. Por lo cual, desechando la mentira, hablad verdad cada uno con su prójimo [con su hermano, hablad la verdad, desechad la mentira], porque somos miembros los unos de los otros.

Dice La Escritura que una cosa que no debe ocurrir es que se mientan los hermanos. Es preciso dejar la mentira, y hablar verdad entre ellos. A veces habrá verdades que, sin ánimo de criticar, deben decirse, pero siempre lo que se diga tiene que ser verdad. Otras veces hay cosas que no hay que decir, porque son privadas o porque pertenecen a otros. Pero, si debo hablar, tengo que decir la verdad. La mentira es una práctica del viejo hombre. Aunque la persona esté convertida, muchas cosas de su vieja naturaleza perduran por algún tiempo.

Dice: *"Desechando la mentira, hablad verdad cada uno con su prójimo, porque somos miembros los unos de los otros"*. Después siguen los vv. 26-27:

Airaos, pero no pequéis; no se ponga el sol sobre vuestro enojo, ni deis lugar al diablo.

Aquí el texto expresa: "… no se ponga el sol sobre vuestro enojo [o ira]". Veamos un ejemplo. Supongamos que me he enojado con un hermano o en el trabajo y, tal vez, mi enojo es justo, porque uno siempre cree que el enojo es justo. Esta emoción me acompañó durante el mediodía, y aquí dice: "… no se ponga el sol sobre vuestro enojo". ¿A qué hora se pone el sol? En invierno, el sol se pone antes de las 19:00 h. ¿Quiere decir que tiene que estar siete horas más enojado? Cuando dice que no se ponga el sol con el enojo encima, quiere decir que este cese cuanto antes. Cuanto antes uno se quite el enojo, es mucho mejor. El enojo guardado es como una tinta negra que mancha. Supongamos que un compañero del trabajo te hizo algo que te enojó. ¿Qué debes hacer entonces? En lo posible, no llegar a casa enojado, si es que puedes sacártelo. Y, si no puedes, al llegar a tu casa, puedes ir a tu habitación y orar: "¡Señor, ayúdame!". Porque, junto con lo que esa persona te hizo, lo peor es quedar amargado. Esto es lo que más te perjudica; además, si te quedas enojado, vas a manchar la relación matrimonial, la relación de padres e hijos y afectarás tu relación con los otros.

El mismo pasaje dice también, "… ni deis lugar al Diablo". A veces puede suceder que, en el matrimonio, algo hizo enojar a uno de los dos. En lugar de actuar desde esa emoción, este debe quitársela antes de hablar. Al hacerlo, la misma persona se da cuenta y admite: "Menos mal que no hablé: era una tontería". Cuando uno habla enojado o con ira y actúa en ese estado, nunca lo va a hacer con justicia. En cambio, si uno se quita el enojo y limpia su mente, luego admitirá: "Menos mal que lo detecté, y ahora estoy tranquilo, y lo puedo hablar bien". Lo mismo puede pasar entre hermanos. Antes de poder hablar del asunto, cuando uno está enojado, lo primero que debe hacer es librarse del enojo. Es indudable que, cuando una persona está enojada, va a hacer cosas que no debe, y eso es "darle lugar al Diablo". Sigue La Escritura en el v. 28:

El que hurtaba, no hurte más, sino que trabaje, haciendo con sus manos lo que es bueno.

Es extraño que se le haya dicho a un cristiano de la ciudad de Éfeso que el que hurtaba no hurtara más. Es decir, muchos cristianos traen de su pasado costumbres, o malas costumbres, que obligan a Pablo a decir:

El que hurtaba, no hurte más, sino que trabaje, haciendo con sus manos lo que es bueno, para que tenga qué compartir con el que padece necesidad.

Y es interesante que el apóstol dice no solo que no hurte, sino que trabaje. Nosotros pensamos que hemos cumplido cuando hemos trabajado para sostenernos o para sostener a la familia. Pero Pablo dice que trabaje para tener algo que compartir con el que padece necesidad. Es decir, en el plan de la utilización de los ingresos, algo debería ser para compartir con otro. Por eso Pablo escribe que la persona que trabaja no solamente trabaja para él, sino que algo de lo que gana es para compartir, sobre todo, con alguien de su pueblo que tenga necesidad. Después el v. 29 dice: *"Ninguna palabra corrompida salga de vuestra boca, sino la que sea buena para la necesaria edificación, a fin de dar gracia a los oyentes"*.

Yo tengo aquí una traducción que lo dice mejor todavía. La antigua traducción, y también la traducción de Pratt (versión moderna), en lugar de "corrompida", dice: "Ninguna palabra torpe salga de vuestra boca, sino la que sea buena para edificación para que dé gracia a los oyentes". Otra traducción dice: "Ninguna palabra obscena…", pero es más correcto traducir "Ninguna palabra torpe…". La palabra "torpe" abarca todo. Entonces, para estar bien en las relaciones entre hermanos, familiares, y entre esposos, las palabras no deben ser torpes.

En una ocasión, fuimos con mi esposa a un supermercado ubicado en el barrio de Devoto. Al llegar, nos encontramos con una pareja joven. Ella era del barrio; llevaba un buen vestido y estaba bien peinada, y él también lucía elegante. Yo no estaba tan cerca para darme cuenta del perfume que tenían, pero sí los oí hablar: el lenguaje era un lenguaje *cloacal*. No se estaban agrediendo; no lo hacían en tono de agresión, pero se expresaban todo el tiempo groseramente. En un momento, le comenté a mi esposa: "Pensar que usan esas ropas tan arregladas, ese peinado, esos perfumes, muestran tanto aseo, pero utilizan palabras y términos degradantes". Pienso que esta comunicación, indudablemente, hace que, con el tiempo, cualquier relación se arruine. Muchas veces, las palabras que soltamos son como moscas muertas que echan a perder el perfume[39] o las zorras pequeñas que echan a perder las viñas[40]. Estas arruinan los matrimonios y las demás relaciones.

Las palabras torpes hay que eliminarlas porque, aunque sean dichas sin agresión, afectan la relación. Puede suceder que, en un momento dado, un hermano que, antes de convertido, haya utilizado ese lenguaje vulgar y ordinario, y vuelva a utilizarlo. No debiera ocurrir y no se justifica pero, si persiste en hablar de esa manera, con el tiempo, sin saber cómo ocurre, él y su cónyuge dejarán de quererse o empiezan a chocar. Cuando Dios nos pide cuidar nuestro lenguaje, no solamente está pensando en que a Él le agrada, sino también en que nos hace bien a nosotros.

Aparte de no enunciar palabras torpes, tampoco hay que pensarlas. Si uno las piensa, en algún momento salen. También hay que eliminarlas del pensamiento. Pablo dice en Filipenses 4:8:

Por lo demás, hermanos, todo lo que es verdadero, todo lo honesto, todo lo justo, todo lo puro, todo lo amable, todo lo que es de buen nombre, si hay virtud alguna, si algo es digno de alabanza, en esto pensad.

Debemos pensar bien, correctamente; no llenar la cabeza de basura, ni ver, ni escuchar lo malo, porque todo eso infecta. Por eso dicen que las malas conversaciones corrompen las buenas costumbres. Cuando una mujer ha quedado viuda, como ha

---

[39] Eclesiastés 10:1.

[40] Cantares 2:15, "Cazadnos las zorras, las zorras pequeñas, que echan a perder las viñas".

sucedido en nuestra iglesia (que es grande), yo le advierto a esa hermana que el peligro para una mujer sola no es un hombre, ya que siempre va a estar alerta. El mayor peligro es una mala mujer y una mala compañía. Siempre hay que buscar la compañía de hermanas que sean correctas, con buenas conversaciones, pues las malas conversaciones corrompen. Por eso recomiendo estar atentos frente a una mujer de valores decadentes, así como también estar alerta frente a un hombre de valores caídos y que esté solo.

Asimismo, Pablo nos enseña a evitar las palabras torpes, pero también a hablar cosas que al otro le hagan bien, tanto entre esposos como entre hermanos. Lo más fácil que tenemos para poder conversar es criticar a otro, pero esa conversación no edifica en ningún vínculo ya que, en un determinado momento, la crítica se vuelve en nuestra contra. Dice el v. 29 que hay que usar una palabra "que sea buena para la necesaria edificación, para dar gracia a los oyentes".

Siguiendo con nuestro tema, dice Efesios 4:30-31:

Y no contristéis al Espíritu Santo de Dios, con el cual fuisteis sellados para el día de la redención. [Y, a continuación, viene la orden]. *Quítense de vosotros toda amargura…*

Si dice que se quite toda amargura, es porque es posible quitarla. ¿Pero es posible quitarte todo ese dolor, esa decepción? Sí; si no puedes, ora: "Señor, quítame la amargura". No especifica si, respecto a la amargura, tengo razón o no. Siguen los vv. 31-32:

Quítense toda amargura, enojo, ira, gritería y maledicencia, y toda malicia. Antes sed benignos unos con otros, misericordiosos, perdonándoos unos a otros [eso significa "donando'], como Dios también os perdonó a vosotros en Cristo.

Anteriormente hablé del enojo guardado. Si yo actúo enojado, dice Santiago 1:20 que "la ira del hombre no obra la justicia de Dios".

Ahora trataré de explicar este pasaje con un ejemplo. Imagina que soy un comerciante y he realizado un depósito en el banco, y después emito cheques contra mi cuenta para pagar unas deudas. Y resulta que, cuando viene el estado de cuenta del banco, no me aparece ningún depósito, y yo ya he librado los cheques. Lógicamente, me pongo furioso, me enojo, pero el versículo dice: "… quítense el enojo". Supongamos que, igual, me enojé, pero advierto que la Palabra también dice: "… no se ponga el sol sobre vuestro enojo", lo cual quiere decir que me libere lo antes posible de mi ira. Cumpliendo con La Biblia, me quito el enojo, hago lo que corresponde. Pero eso no quiere decir que no voy a ir a reclamar. Después voy al lugar donde guardé la boleta o comprobante del depósito que me dio el banco, y voy a reclamar. A pesar de toda la molestia que eso significa, yo ya me despojé del enojo. Me presento en el banco y digo: "Aquí está el estado de cuenta; yo hice este depósito, y en el estado de cuenta no figura". Ellos comprueban mis afirmaciones, y lo tienen que arreglar. El hecho de que yo no esté enojado no quiere decir que La Biblia me pida que yo le deje el dinero al banco. Yo tengo el comprobante para poder reclamar, y por eso deben solucionar el error.

Supongamos ahora que yo me hubiera puesto furioso, que fuera una persona que se pone nerviosa; entonces me enojaba, y con rabia y con ira, iba, sacaba la boleta, ingresaba al banco, empezaba a los gritos, le gritaba al empleado de la caja, etc. Primero, si soy creyente, arruino el testimonio, o puedo causarle al otro un tropiezo terrible pero, además, me desquito con quien no tiene la culpa. Imaginemos que, para colmo, lo trato tan mal al empleado que reacciona y me da una trompada, por lo cual resuelven echarlo. ¿Quién tuvo la culpa? El banco no le va a tolerar al empleado que me haya golpeado, aunque yo lo haya tratado mal. Por lo tanto, corregirán el error, pero habré hecho un escándalo y no habré ganado nada con este enojo. El enojo guardado hace proceder mal; actuar con enojo es proceder mal.

Profundicemos leyendo nuevamente el v. 31:

Quítense de vosotros toda amargura, enojo, ira, gritería, maledicencia y toda malicia. Antes sed benignos unos con otros, misericordiosos, perdonándoos unos a otros como Dios también os perdonó a vosotros en Cristo.

En el caso en que se actúe con enojo, esto produce una injusticia. Y puede producir daño (mi ejemplo del banco es muy simple) en cualquier relación en la que uno actúe con enojo. Ahora leamos Santiago 1:19:

Por esto, mis amados hermanos, todo hombre sea pronto para oír [hombres y mujeres], *tardo para hablar, tardo para airarse, porque la ira del hombre no obra la justicia de Dios.*

Cualquier persona que haya nacido en El Evangelio y/o sepa La Palabra, lo primero que debe hacer es despojarse el enojo de su vida antes de actuar. Y, aunque Jesús dijo "… perdonándoos unos a otros", tratemos primero de evitar estar enojados, pero pidiendo frecuentemente perdón. El mismo pasaje dice que "… la ira del hombre no obra la justicia de Dios". Déjenme ilustrarlo con esta analogía: ustedes vieron que hay computadoras que se tildan[41]. La computadora se tilda, y no se puede hacer nada. El diseño de los ordenadores está tomado de la lógica de nuestro pensamiento; solo se ha tratado de copiar esa lógica. Del mismo modo, una mente enojada se tilda. Por eso, leamos otra vez en Santiago:

Por esto, mis amados hermanos, todo hombre sea pronto para oír, tardo para hablar, tardo para airarse, porque la ira del hombre no obra la justicia de Dios.

Vamos a suponer que una persona se airó. La Biblia te pide que limpies tus pensamientos y, quizás, a las pocas horas ya no necesites reclamar por un error ajeno que te perjudicó pero, aun si lo hicieras, con el paso de este tiempo, ya plantearías tu reclamo en mejores términos. Aunque el enojo pudo haber ocurrido porque creíste tener la razón, con este no solucionaste de ningún modo el problema. Entonces, es mejor despojarse de esta emoción y luego hablar.

Ahora supón que dijiste algo que no debías con un tono de voz duro y con expresiones amargas; aun así, la otra persona tampoco debe responder de la misma manera.

El libro de Proverbios 15:1 dice:

La blanda respuesta quita la ira, mas la palabra áspera hace subir el furor.

La blanda respuesta, ¿qué hace?, me limpia. Muchas veces los matrimonios o los hermanos se quejan: "¡Lo que me dijo!". Pero ¿cómo te lo dijo? ¿Te lo dijo enojado? Entonces estaba *tildado*. A veces registramos lo que el otro dijo, pero no cómo lo dijo, dado

---

[41] Los Sistemas Operativos más populares de las computadoras personales no parecen ser muy eficientes, y Aníbal lo había experimentado también.

que lo pudo haber dicho en un estado de casi locura. Cuando uno actúa enojado, actúa así: *tildado*; por eso dice Santiago que "… la ira del hombre no obra la justicia de Dios".

Job dijo cosas que no debía decir en un momento de gran amargura. Él expresó su deseo de sacar del almanaque el día en que había nacido. Dijo también: "… por qué no habré sido un abortivo", y otros disparates más. Y los amigos, que estaban sin dolor, registraban todo, absolutamente todo lo que él decía. Pero Job, en un momento dado, dijo: "¿Vais a juzgar el discurso de un desesperado?" (Job 6:26). Y siguió argumentando: "Yo nací y ahora estoy así, y me pasa esto y esto, no me juzguen". Y Job tenía razón porque, después, Dios les dijo a sus amigos que fueran a él cuando pasó la prueba, para que orasen por él. Entonces, cuando tu esposo o tu esposa dijo algo en un momento, o un hermano declaró algo o se quejó, no lo juzgues. Incluso, si sabes que tiene enojo, no lo tomes en cuenta. Si una persona se desubicó por estar enojada, debe saber pedir perdón, y el otro debe saber perdonarla.

¿Qué significa saber perdonar? ¿Cómo se arregla lo ofensivo que alguien dijo? Se soluciona solo con una donación de perdón. Todos la necesitamos, ya que no somos perfectos y solemos fallar. Necesitamos saber pedir perdón y brindarlo. Cuando uno de los dos perdona, la solución se produce. Si uno se equivocó, falló, tuvo una actitud inadecuada o incorrecta, una expresión agresiva, si el otro no lo perdona, no se puede arreglar. Es decir, el perdón es lo que soluciona el problema.

Anteriormente les conté el caso del banco que no me registró el dinero, y que yo tenía el comprobante. Pero a veces, en la vida, ocurren cosas que alguien nos hizo que no podemos solucionar por nosotros mismos. Por ejemplo, pusiste el dinero en el banco y en el país se decretó el Corralito, y no pudiste recuperarlo. Para esto no habría solución.

Cuando vemos que no tenemos la solución, dice Efesios que no solamente hay que quitarse el enojo, sino la amargura: "Quítense de vosotros toda amargura, enojo, ira, gritería y maledicencia, y toda malicia, antes sed benignos unos con otros". Uno tiene que ser bueno, benigno, así como el Señor hace que su sol salga entre los hermanos, entre esposos y familiares. Necesitamos ser perdonados entre nosotros, unos a otros, siguiendo el ejemplo de la parábola: "… no teniendo ellos con qué pagar, perdonó a ambos" (Lucas 7:42). Dios nos perdonó en Cristo; hagámoslo también entre nosotros.

La donación de perdón soluciona muchos conflictos.

En Efesios 5:1 dice: "Sed, pues, imitadores de Dios como hijos amados". Los hijos imitan a los padres, y a Dios, el Padre, hay que imitarlo en su manera de perdonar. Dios nos perdonó a nosotros en Cristo. El v. 2 expresa:

Y andad en amor como también Cristo nos amó, y se entregó a sí mismo por nosotros, ofrenda y sacrificio a Dios en olor fragante.

Siguiendo su ejemplo, los pleitos o conflictos debemos evitarlos o, al menos, no provocarlos. Hebreos 12:15 dice:

Mirad bien, no sea que alguno deje de alcanzar la gracia de Dios [todos necesitamos la gracia de Dios, pero Dios no le va a dar gracia a un creyente amargado], *que brotando alguna raíz de amargura os estorbe, y por ella muchos sean contaminados.*

Por otro lado, debemos pensar que la amargura no solamente le hace mal a uno mismo, sino también al otro. En nuestra cultura todo suele pasar por el "yo". Pero La Escritura nos enseña a ser benignos unos con otros, misericordiosos, perdonándonos, haciendo esa donación, como Dios nos perdonó.

En esta misma dirección tendría muchas otras cuestiones para tratar como, por ejemplo, evitar agredir al otro, y otros aspectos que hacen a cómo nosotros debemos pedir perdón y perdonar. Cuando estamos enojados, no podemos hacer la voluntad de Dios. Primero, debemos despojarnos de toda amargura y enojo porque, si no, aparte de ser injustos, tendremos que pedirle mucho perdón a Dios, y su justicia no obrará en nosotros hasta que lo hagamos. Por su parte, el receptor de este agravio no debe resentirlo ni aferrarse a él, sino perdonar cuando el otro le pide perdón. Y, aun sin que se lo pidan, debe disponerse a no sentirse lastimado porque, cuando uno se tiene lástima a sí mismo, eso no es la voluntad de Dios.

Cuando Pedro le dijo al Señor Jesucristo: "Tú eres el Cristo, el Hijo del Dios viviente", el Señor le respondió:

Bienaventurado eres Simón, que no te lo reveló carne ni sangre, sino mi Padre que está en los Cielos (Mateo 16:16-17).

Pero, después, el Señor, de quien descubrieron que se trataba del Mesías, el Cristo, se confesó y les anunció que iba a ser maltratado y luego morir. Y, entonces, ¿qué hizo Pedro? Lo tomó aparte y lo empezó a retar: "¡Que no te pase esto! ¡Que de ninguna manera esto te acontezca! ¡Ten lástima de ti!".

Esa no era la voz de Dios, y por eso el Señor lo reprendió con estas palabras:

Vete de mí, Satanás, me eres tropiezo, porque no pones la vida en las cosas de Dios, sino en la de los hombres.

Cuando hay una voz que te dice que estás lastimado/a, esa voz no es de Dios. Tenerse lástima nunca viene de su parte. Sin embargo, aunque me sienta una víctima, cuando Dios me manda algo, debo hacerlo.

Leamos nuevamente Mateo 16:22-23, para ver lo que hace Pedro luego de que el Señor les cuenta que va a morir:

Entonces Pedro, tomándole aparte, comenzó a reconvenirle, a retarle, diciendo: "Señor, ten compasión de ti [ten lástima de ti]; de ninguna manera esto te acontezca". Pero Él, volviéndose, dijo a Pedro: "¡Quítate de delante de mí, Satanás!; me eres tropiezo…".

Evidentemente, Pedro no expresaba la voz de Dios. Cuando hay algo que te diga que tengas lástima o compasión de ti, recuerda lo que le contestó el Señor: "Me eres tropiezo", me estás poniendo una piedra. Le dice a Pedro, "… porque no pones la mira en las cosas de Dios, sino en la de los hombres". Si te vas a guiar como se guían los hombres que no son de Cristo, ese es otro camino…

Hace poco, una maestra de la escuela dominical me contó algo muy triste. Tuvo un problema en la iglesia. Era una maestra de niños, muy usada por el Señor, y resultó que tuvo un problema en la iglesia, y se fue a otro lado. Después, en un casamiento en otra iglesia, una niña, que había sido su alumna y que estaba en el casamiento, le dijo: "Señorita, usted nos dejó". Sí, porque se tuvo lástima ella, y abandonó a los niños. Muchos, porque se tienen lástima, razonan humanamente, y dejan la obra o el servicio. Es un peligro terrible tenerse lástima. "Señorita, usted nos dejó". Y miren lo que dice Jesús en el v. 24:

Entonces, Jesús dijo a sus discípulos: Si alguno quiere venir en pos de mí, niéguese a sí mismo…

Esa sí es la voz de Dios. Los hombres te dirán otras cosas, pero Dios te dice:

"¡Niéguense!", y "… tomen su cruz y síganme". Niéguense, hagan la voluntad de Dios y síganlo. Si te amas a ti mismo más que al Señor, más que a la obra, o más que a lo que el Señor te pide, vas al fracaso. El texto completo, en los vv. 24-25, dice:

Si alguno quiere venir en pos de mí, tome su cruz y sígame, porque todo el que quiera salvar su vida la perderá, y todo el que pierda su vida, por causa de mí, la hallará.

Muchas veces no perdonamos porque decimos que estamos lastimados. Pero estemos atentos: primero está el servicio, y después estoy yo y, si quieren que les diga el verdadero orden, es este: primero, el testimonio; después el servicio (porque, si yo no tengo buen testimonio, el servicio no sirve, y no sirvo); y, por último, estoy yo. Si yo, por cuidarme, abandono el servicio, perjudico a las personas que lo reciben. Yo tendría que dejar el servicio si este puede poner en peligro el testimonio. Porque, como ya dije, antes que el servicio, está el testimonio y, si por seguir un determinado servicio, se pone en peligro mi vida con Dios, entonces, cuido mi testimonio, porque después puedo servir en cualquier momento y en cualquier lugar.

Antes del servicio, está el testimonio pero, antes que yo, está el servicio.

COMENTARIO DE LA LECCIÓN 6

TRES TIPOS DE RELIGIOSOS

Fijemos la vista en la religión y veremos el orden admirable que todo en ella lo preside; Dios es el gran legislador, y por eso nadie más que él puede establecer preceptos.

(René Descartes)

Charles Finney define tres clases de personas que profesan la religión. La primera clase la componen las personas que aman verdaderamente a Dios y a los hombres; la segunda está integrada por aquellos cuyos deberes religiosos se mueven principalmente por egoísmo; y la tercera se compone por quienes actúan solo por la consideración de la opinión pública.

Yo viví con Aníbal durante veintidós años; lo conocí muy bien. Los hijos conocemos muy bien a nuestros padres; conocemos su carácter, sus anhelos, sus verdaderas pasiones y, en resumidas cuentas, qué es lo más importante en sus vidas. Todo eso es inocultable, porque en la casa no se puede estar fingiendo todo el tiempo, como sí podría suceder una o dos veces a la semana en el templo.

Los ministros religiosos podrían engañar a la congregación con un falso cristianismo personal, pero nunca engañar a su propia familia. Este es el mejor termómetro para medir la espiritualidad de un siervo del Señor. Por eso puedo dar testimonio de que Aníbal pertenecía, sin dudar, al primer grupo de religiosos de Finney. El carácter de un hombre siempre se adecua a su supremo objetivo, y mi padre tenía como objetivo prioritario agradar a Dios y servir a los hermanos. Mi mentalidad egoísta e inmadura, de niño y de adolescente, no me permitía comprender cómo las cosas de Dios, de la Iglesia, de la obra del Señor, de los hermanos, le insumían toda su atención, mucho más que sus propios intereses personales. Él nunca descuidó a su familia; siempre se ocupó de ella, siempre trabajó para mantener económicamente el hogar; nunca nos faltó nada. Y, con su particular estilo, fue un padre amoroso.

No le importaba si obtenía algún beneficio personal (segunda lección) ni tampoco pretendía agradar a la opinión pública, incluida su propia familia (tercera lección). Por eso, cuando predicaba, yo sabía que él cumplía todo lo que decía, que no eran solo palabras para un auditorio. Este potentísimo efecto de escuchar una lección y conocer de cerca al maestro de esa lección es único en la vida de una persona, y tiene alcances gigantescos en quien lo experimenta.

Todo lo anterior lo mencioné para señalar que este tipo de lecciones sumamente prácticas de vida cristiana explícita y concreta, y en particular esta (sobre el trato entre hermanos y entre familiares), exige, de quien la enseña, un cumplimiento estricto. Mi padre lo alcanzaba. En general, trataba de no enojarse pero, a veces, lo hacía. Y, en el mismo día, intentaba por todos los medios solucionar el problema, ya sea con la familia, con los hermanos o con sus colegas.

Nunca tuve ninguna excusa para no abrazar la fe de mi padre, así que Aníbal no me dejó las chances de justificación que algunos hijos de creyentes podrían exponer el día en que sean juzgados sus actos, apelando a una eventual hipocresía de sus padres ministros y predicadores.

LECCIÓN 7

LA VOLUNTAD DE DIOS

(Lección enseñada el miércoles 20/06/2001 en la reunión semanal de oración y enseñanza de la Iglesia Transparente de Buenos Aires, Argentina).

Los invito a leer La Escritura en Romanos 12:1 y 2. Dice:

Así que, hermanos, os ruego por las misericordias de Dios [como una respuesta a esas misericordias de Dios] *que presentéis vuestros cuerpos en sacrificio vivo, santo, agradable a Dios, que es vuestro culto racional.*

Veamos también Hebreos 9:6:

Así dispuestas estas cosas, en la primera parte del tabernáculo entran los sacerdotes continuamente para cumplir los oficios del culto.

Los oficios del culto son un servicio a Dios. Presentar los cuerpos en sacrificio vivo es un servicio que se considera como un culto. Hebreos 9:14 dice:

¿Cuánto más la sangre de Cristo, el cual mediante el Espíritu eterno se ofreció a sí mismo sin mancha a Dios, limpiará vuestras conciencias de obras muertas para que sirváis al Dios vivo?

Ahora, en Romanos 12, dice: "sacrificio santo". La palabra "santo" habla de estar apartado de aquello que no es la voluntad de Dios. Pero también debemos reconocer lo que dijo Juan:

Si dijéramos que no tenemos pecado, nos engañamos a nosotros mismos y la verdad no está en nosotros (1 Juan 1:8).

Luego, esa santidad se mantiene por medio de la sangre de Cristo en la confesión:

Si confesamos nuestros pecados, Él es fiel y justo para perdonar nuestros pecados y limpiarnos de toda maldad (1 Juan 1:9).

El sacrificio vivo y santo tiene que ver con estar bien con Dios. Dios no va a aceptar un servicio que yo esté haciendo con alguna culpa, con algún pecado, o con un enojo que mantengo con alguien. Tal vez ese enojo sea justificado pero, igualmente, es pecado. Uno debe despojarse de este y ver si está listo o no para hablar con calma del tema. El servicio, que es un culto a Dios, debe ser santo, agradable a Dios, "… que es vuestro culto racional". Muchas veces se usa este pasaje para invitar a la consagración y motivar a que alguien se rinda para servir al Señor. Pero este texto está escrito para todos los cristianos. La persona que ha conocido al Señor tiene una deuda con Él, y su vida tiene que ser un culto a Dios, y desarrollar su servicio en la medida de las posibilidades que Dios le ha dado.

Por otra parte, un culto racional implica un culto lógico, es decir, una "respuesta" consciente. No tiene que ver con la cualidad del misionero, del predicador o del pastor, porque esta carta está escrita para todos los cristianos, y no es un acto emocional, sino uno permanente que debe realizarse al Señor. El apóstol les está hablando a creyentes que han sido beneficiados con una salvación tan grande que, entonces, deben responder de acuerdo a lo que Dios ha hecho con ellos. Lo que pasa es que el creyente, muchas veces, no dimensiona de dónde lo sacó el Señor. Por eso dice en Isaías que deberíamos mirar para atrás, pero no para volver atrás, sino para mirar la caverna de la fosa de donde fuimos arrancados[42]. Podemos mirar hacia la oscuridad un poco, pero no para volver a esta, sino para estar agradecidos. El siervo, el hermano que hace todo lo que puede, que pone su vida al servicio del Señor, está respondiendo racionalmente, pero no es un héroe, sino que está haciendo lo que debe hacer, y todavía sigue siendo un siervo inútil, porque está haciendo solo lo que debía haber hecho. El Señor Jesucristo nos da un ejemplo continuo de esta manera de obrar en Juan 4:31-34:

Entre tanto, los discípulos le rogaban, diciendo: "Rabí, come". Él les dijo: "Yo tengo una comida que comer que vosotros no sabéis". Entonces, los discípulos se decían entre sí: "¿Le habrá traído alguien de comer?". Jesús les dijo: "Mi comida es que haga la voluntad del que me envió y que acabe su obra".

Esa debería ser la "comida" fundamental de cada creyente: hacer la voluntad de Dios, del que nos envió, y acabar su obra. Volviendo a Romanos 12, ese culto agradable a Dios hay que hacerlo en las condiciones que dice allí; a saber: en agradecimiento y con los elementos y capacidades que a cada uno Dios le ha dado. Dice: "No os conforméis a este siglo" o sea, no mimetizarse, sino tener una conducta acorde con la voluntad de Dios, independientemente de las corrientes filosóficas, psicológicas y culturales que estén en contra de La Palabra de Dios. Si no la contradicen, pueden ser aceptadas. Pero todo aquello que no

---

[42] Isaías 51:1. En una aclaración más adelante, Aníbal sugiere al auditorio que esta cita de Isaías se incorpore como una referencia al texto de Romanos 12:1 y 2.

esté alineado con la voluntad de Dios debemos rechazarlo. Pero ¿cómo podemos saberlo?, mediante La Palabra de Dios.

… sino transformaos por medio de la renovación de vuestro entendimiento, para que comprobéis cuál es la buena voluntad de Dios, agradable y perfecta.

Muchos cristianos le temen a la voluntad de Dios. ¿Qué me irá a pedir Dios? Pero su voluntad siempre será agradable y perfecta. Ahora, para que se pueda comprobar esa buena voluntad, el entendimiento tiene que estar renovado, iluminado y guiado por la Palabra.

Antes de ir más adelante, y saber cómo encontrar la voluntad de Dios, vayamos a 2 Timoteo 2. Aquí hay un hombre que ya sabe cuál es la voluntad de Dios y que ha luchado al lado del apóstol Pablo, quien está a punto de terminar su carrera. Hay un peligro para aquel que tiene claro su servicio y ya lo está cumpliendo. Cuando específicamente Dios le ha pedido a alguien una determinada labor, pueden presentarse problemas, penalidades, dificultades y, por lo tanto, esa persona puede "tirar la toalla". El apóstol advierte que todos los cristianos, con mayor o menor servicio y fidelidad, están expuestos a algún tipo de tentación. El apóstol le dice en el v. 3: "… sufre penalidades". Parte del servicio es sufrir como buen soldado de Jesucristo. A veces en esa persona está el peligro de desertar de algún tipo de servicio por la problemática que lo rodea (dificultades, incomprensiones) pero, si sabe que es la voluntad de Dios, tiene que sufrir las penalidades. Este es uno de los peligros, sobre todo para aquellos que tienen que hacer algo importante a favor de otros y, en especial, de los hermanos.

La primera condición de un siervo debiera ser no ponerse en primer lugar, sino ir adelante, por la obra misma, para que no sufran otros. Es decir, aunque sufra él, pero no los hermanos, ni los niños, ni la obra. Por eso el Señor Jesucristo dijo: *"Si alguno quiere venir en pos de mí, niéguese"*.

Dice en 2 Timoteo 2:4:

Ninguno que milita se enreda en los negocios de la vida, a fin de agradar a aquel que lo tomó por soldado.

Otro de los peligros que amenazan a los siervos de Dios proviene, a veces, de la limitación económica y, por lo tanto, se lanza a la búsqueda de otros recursos y de ingresos materiales. Lo que ocurre es que tal vez vivan apretadamente pero, al menos, viven, aunque en esa búsqueda dejan parte de su servicio. Claramente, siempre habrá tentaciones de todo tipo. Pero acá estamos hablando de uno de los hombres más consagrados al Señor del NT, Timoteo, alguien que se jugó la vida al lado del apóstol Pablo. Aunque lo acompañó, sin embargo, se observan especiales consejos póstumos del apóstol para un hombre que tenía claro lo que Dios le pedía. Pero parece que podría no tener tan claro lo referido a las tentaciones y peligros en que podía caer. Uno de esos peligros es amarse a sí mismo o tenerse lástima, y el otro es enredarse fuera de lo que Dios le manda. Un hermano a quien Dios toma por soldado no debe arriesgarse a perder ese privilegio teniendo en claro lo que Dios le ha pedido: no fallarle a "aquel que lo tomó" para un servicio particular, como fue el caso de Timoteo.

Pero volvamos un poco hacia atrás para hablar de la voluntad de Dios para cada creyente. ¿Cómo se reconoce? Primero, dijimos que hay que presentarse ante Dios y renovar la mente por medio de su Palabra. Luego, ¿cómo saber cuál es la voluntad de Dios respecto del servicio? Para quienes no saben cuál es el don que tienen o para qué pueden servir, Eclesiastés 9:10 los puede ayudar:

Todo lo que te viniere a la mano para hacer, hazlo según tus fuerzas [no menos, no más]; *porque, en el sepulcro a donde vas, no hay obra, ni trabajo, ni ciencia, ni sabiduría.*

El Señor Jesucristo también aplicó muy bien a sí mismo esta verdad cuando dijo:

Me conviene hacer las obras del que me envió, entre tanto que el día dura; la noche viene cuando nadie puede trabajar (Juan 9:4).

La noche viene para cada uno. Llega el momento en que no podemos servir más. Entonces, hay que aprovechar lo que viene a la mano. Ahora, muchos se hacen problemas con la voluntad de Dios y expresan: "¿Cuál será la voluntad de Dios para mi vida?". Los niños, en la casa, no están ansiosos, preguntando: "¿Cuál será la voluntad de mi papá?". Ellos están tranquilos. Si hay algo que les va a pedir el papá, él se lo va a decir. Algunas cosas su papá ya les habrá dicho que no tienen que hacer y, mientras tanto, ellos viven calmos. Cuando el padre quiera que ellos hagan algo, él sabe cómo comunicárselo. Y el asunto de la voluntad de Dios para nuestras vidas es también cuestión de Dios. Nosotros tenemos que estar atentos, pero es Dios el que comunica esa voluntad. Esto es lo que dice en Salmos 32:8:

Te haré entender y te enseñaré el camino en que debes andar; sobre ti fijaré mis ojos.

Es una promesa hermosa: "Te haré entender…". Cuando hay un pedido específico, Dios va a hacer que entendamos su voluntad. Dios no está limitado para darnos a entender qué quiere de nosotros.

Yo busqué en el AT tres ejemplos de cómo Dios se maneja, con independencia de la capacidad que tenga la persona. Veamos Colosenses 4:5: *"Andad sabiamente para con los de afuera, redimiendo el tiempo"*. La palabra "redimir" todos la conocemos. Es la misma que está en Gálatas 3:13: "Cristo nos redimió de la maldición de la ley [que significa que nos compró, que nos liberó], hecha por nosotros maldición". El mismo término también aparece en Gálatas 4:5, donde dice que Él vino bajo la Ley para redimir a los que estaban bajo la Ley. Y a los creyentes se les manda redimir el tiempo. Una forma excelente de redimirlo es estar en comunión, en confesión, bien con Dios, porque alguien que no está limpio o que no haya confesado una falta puede hacer lo que sea, y ese tiempo no le será redimido. Dios quiere un culto santo, mientras estamos trabajando para Él. Las nuevas versiones traducen mal este texto, escribiendo "aprovechando bien el tiempo".[43] Porque uno puede querer estar aprovechando el tiempo, y no estar redimiéndolo. Porque eso tiene que ser un trabajo hecho en comunión con Dios. Ahora sí, vamos a ver los ejemplos. Hay tres grandes hombres de La Biblia que fueron tomados de lo ordinario. El primer ejemplo lo tenemos en 1 Samuel 9:1-27:

Había un varón de Benjamín, hombre valeroso, el cual se llamaba Cis, hijo de Abiel, hijo de Zeror, hijo de Becorat, hijo de Afía, hijo de un benjamita. Y tenía él un hijo que se llamaba Saúl, joven y hermoso. Entre los hijos de Israel no había otro más hermoso que él;

---

[43] Por ejemplo, la NVI y la versión *Dios Habla Hoy*.

de hombros arriba sobrepasaba a cualquiera del pueblo. Y se habían perdido las asnas de Cis, padre de Saúl; por lo que dijo Cis a Saúl su hijo: "Toma ahora contigo alguno de los criados, y levántate, y ve a buscar las asnas".

Saúl no era un creído. Era un hombre obediente a su padre; esto es hacer la voluntad de Dios. El padre lo mandó a buscar asnas perdidas. Estos son los caminos extraños de Dios para hacer conocer su voluntad. Saúl no sabía nada de nada; solo sabía que tenía que cumplir con los deberes ordinarios de buscar asnas. Siguiendo la lectura:

Y él pasó el monte de Efraín, y de allí a la tierra de Salisa, y no las hallaron. Pasaron luego por la tierra de Saalim, y tampoco. Después pasaron por la tierra de Benjamín, y no las encontraron.

Lo que Saúl no sabía era que, mientras buscaba las asnas, Dios lo estaba llevando a que lo coronasen rey de Israel. Saúl no lo hizo con ese fin, sino que cumplió con un deber ordinario. Y lo que Dios quiere de sus hijos no es que busquen lugares extraordinarios, sino que sean extraordinarios en lo ordinario, en lo común, en lo de cada día, en lo que Dios les pide. Y después Dios sabrá cómo mostrarles si busca, del creyente, algo especial.

Lo que Dios quiere de sus hijos no es que busquen lugares extraordinarios, sino que sean extraordinarios en lo ordinario, en lo común, en lo de cada día.

Continuemos:

Cuando vinieron a la tierra de Zuf, Saúl dijo a su criado que tenía consigo: "Ven, volvámonos, porque quizá mi padre, abandonada la preocupación por las asnas, estará acongojado por nosotros". Él le respondió: "He aquí que ahora hay en esta ciudad un varón de Dios, que es hombre insigne; todo lo que él dice acontece sin falta. Vamos, pues, allá; quizá nos dará algún indicio acerca del objeto por el cual emprendimos nuestro camino".

Saúl no halló las asnas y le dijo al criado que regresara, ya que quizá el padre estuviera preocupado. El criado le dijo que en esa ciudad había un varón de Dios muy respetado, que todo lo que decía pasaba. Ese varón era Samuel. Entonces, fueron a verlo.

Dijo entonces Saúl a su criado: "Dices bien; anda, vamos". Y fueron a la ciudad donde estaba el varón de Dios. Y, cuando subían por la cuesta de la ciudad, hallaron unas doncellas que salían por agua, a las cuales dijeron: "¿Está en este lugar el vidente?". Ellas, respondiéndoles, dijeron: "Sí; helo allí delante de ti; date prisa, pues, porque hoy ha venido a la ciudad en atención a que el pueblo tiene hoy un sacrificio en el lugar alto. Cuando entréis en la ciudad, le encontraréis luego, antes que suba al lugar alto a comer; pues el pueblo no comerá hasta que él haya llegado, por cuanto él es el que bendice el sacrificio; después de esto comen los convidados. Subid, pues, ahora, porque ahora le hallaréis". Ellos entonces subieron a la ciudad y, cuando estuvieron en medio de ella, he aquí que Samuel venía hacia ellos para subir al lugar alto.

Saúl no sabía nada pero, el día anterior, Dios le había hablado a Samuel avisándole que, al día siguiente a esta hora, él le llevaría a quien pondría por rey sobre Israel. ¿Cómo lo llevó? Lo escogió por haber cumplido Saúl los deberes sencillos, ordinarios, obedeciendo a su padre. Las cosas aparentemente comunes hechas como culto a Dios, como obediencia, son el camino para llegar al destino de la voluntad de Dios para quien no tiene claro, todavía, qué es lo que Él le pide. Sigue el v. 15:

Y, un día antes que Saúl viniese, Jehová había revelado al oído de Samuel, diciendo: "Mañana a esta misma hora yo enviaré a ti un varón de la tierra de Benjamín, al cual ungirás por príncipe sobre mi pueblo Israel, y salvará a mi pueblo de mano de los filisteos; porque yo he mirado a mi pueblo, por cuanto su clamor ha llegado hasta mí". Y, luego que Samuel vio a Saúl, Jehová le dijo: "He aquí, este es el varón del cual te hablé; este gobernará a mi pueblo".

El primer rey de Israel, ungido por el profeta Samuel, fue llevado al trono cumpliendo un deber simple, ordinario, de obedecer a su padre buscando asnos. Y, en esos recovecos, Dios lo lleva al lugar adecuado. Samuel, al saberlo antes, tuvo que trabajar más que él: organizar el banquete, convocar a los invitados, todo lo vinculado al ungimiento del rey. Luego llegó Saúl; lo sentaron en el lugar principal, le dieron la mejor principal, y fue ungido rey de Israel. Ahora bien, ¿cómo puedo llegar a mi destino si no conozco específicamente lo que me está pidiendo Dios? Haciendo lo ordinario, lo que corresponde, lo que es mi deber, pero en forma extraordinaria, como corresponde. Lamentablemente, sabemos bien que, al final, Saúl no respondió a la voluntad de Dios pero, en los primeros tiempos de su reinado, Dios lo utilizó para salvar a Israel del poder de sus enemigos. Pero al final no veló, y se desvió.

Sin embargo, antes de ser rey, cumplió, y fue así como Dios lo ungió para llegar al trono.

El segundo ejemplo que quiero utilizar se encuentra en Jueces 6. Vemos aquí el premio a un hombre, que es muy interesante de analizar. El pueblo de Israel estaba en esclavitud, dominado por los de Madián y saqueado; multitudes venían, les robaban y, finalmente, los esclavizaban. Entre los hombres oprimidos por los madianitas, se encontraba Gedeón, aunque este no había estado peleando con sus hermanos. En el pueblo de Israel había personas insolentes y, hasta en su misma casa, por ejemplo, que eran idólatras, y por eso estaban siendo castigadas. Sin embargo, Gedeón se quedó en la casa de su padre, aunque también tenía ídolos. Se queda donde corresponde, junto al pueblo de Dios, aunque está errando.

Jueces 6:11:

Y vino el ángel de Jehová, y se sentó debajo de la encina que está en Ofra, la cual era de Joás abiezerita; y su hijo Gedeón estaba sacudiendo el trigo en el lagar, para esconderlo de los madianitas.

¿Qué estaba haciendo Gedeón?, sacudiendo trigo. Primero, trabajaba para su familia y para su pueblo, que eran culpables de lo que les pasaba. No estaba en una división con ellos y, para colmo, trabajaba para esconder el trigo de los madianitas. Segundo, era un hombre temeroso de Dios, y Dios vio eso: que trabajaba en lo ordinario, que amaba a su pueblo y que era temeroso. Dios, que mira el corazón y vida de cada uno, se aparece en el v. 12:

Y el ángel de Jehová se le apareció, y le dijo: "Jehová está contigo, varón esforzado y valiente".

¿Cómo sabía Dios que Gedeón era esforzado y valiente si no había peleado nunca? Dios lo sabía; aunque Gedeón estaba sacudiendo trigo, estaba sacrificándose por el pueblo de Israel para esconder el trigo en cuevas, ya que, seguramente, los madianitas irían y robarían todo.

Sigamos con los vv. 13-15:

Y Gedeón le respondió: "Ah, Señor mío, si Jehová está con nosotros, ¿por qué nos ha sobrevenido todo esto? ¿Y dónde están todas sus maravillas [se ve que conocía La Escritura], *que nuestros padres nos han contado, diciendo: "¿No nos sacó Jehová de Egipto?". Y ahora Jehová nos ha desamparado y nos ha entregado en mano de los madianitas. Y mirándole Jehová…*

"Y mirándole", aunque ya lo había mirado antes. ¡Qué lindo que el Señor mire a los jóvenes que están haciendo la voluntad de Dios con sacrificio, escondidos, aunque no estén en público, porque lo importante es que trabajen para Dios!

… Jehová le dijo: "Ve con esta tu fuerza, y salvarás a Israel de la mano de los madianitas. ¿No te envío yo? Entonces le respondió: "Ah, señor mío, ¿con qué salvaré yo a Israel? He aquí que mi familia es pobre en Manasés, y yo el menor en la casa de mi padre".

Y así Gedeón se convirtió en Juez de Israel. Él no estaba pensando en cosas grandes, sino solo cumplía deberes ordinarios. Pero La Palabra dice: "Te haré entender". Esto significa que cada uno sabe cuál es su deber y, como cristiano, debe cumplirlo. Y, si no sabe específicamente qué le pide Dios, debe hacer aquello que le corresponde hacer, ya que con eso ya está ejerciendo el culto racional. Y, después, el Señor, si tiene algo específico para que él haga, se lo va a comunicar. Lo más importante es que Dios pueda ver un corazón que quiere glorificarlo y hacer su voluntad. No importa el lugar: lo importante es hacer lo que Dios quiere que hagamos.

Lo más importante es que Dios pueda ver un corazón que quiere glorificarlo y hacer su voluntad.

Mi tercer ejemplo está en 1 Samuel 16. Dios mandó a Samuel para que fuera a la casa de Isaí, en la tierra de Judá.

Veamos el v. 7:

Y Jehová respondió a Samuel: "No mires a su parecer, ni a lo grande de su estatura, porque yo lo desecho; porque Jehová no mira lo que mira el hombre; pues el hombre mira lo que está delante de sus ojos, pero Jehová mira el corazón".

Dios le dijo esto a Samuel porque el padre de la casa, Isaí, hacía pasar a todos los hijos, pero empezando por el más destacado, el guerrero, el hombre adiestrado por los generales y por los coroneles, según los grados militares del ejército del rey Saúl. Entonces, cuando Samuel ve al primero, dice: "Es este", pero Dios le dice que no mire su parecer físico. Dice el v. 10:

E hizo pasar Isaí siete hijos suyos delante de Samuel; pero Samuel dijo a Isaí: "Jehová no ha elegido a estos".

En tan poca estima tenía el padre a David que no lo llevó (¡y era el padre!). ¿Y dónde lo tenía?: en el campo, ¿con quién?, con las ovejas. Lo que nadie sabía era que Dios lo estaba adiestrando como soldado. Él pudo enfrentar al filisteo porque él enfrentaba leones, y no se lo decía a nadie. ¿Sabían que un león no puede ser enfrentado ni por una cuadrilla de hombres? Está en La Biblia. Él sabía que Dios lo ayudaba, porque David no era Sansón.

Dicen los vv. 11-13:

Entonces dijo Samuel a Isaí: "¿Son estos todos tus hijos?". Y él respondió: "Queda aún el menor, que apacienta las ovejas [el que hace cosas ordinarias, el último]". Y dijo Samuel a Isaí: "Envía por él, porque no nos sentaremos a la mesa hasta que él venga aquí". Envió, pues, por él, y le hizo entrar; y era rubio, hermoso de ojos, y de buen parecer. Entonces Jehová dijo: "Levántate y úngelo, porque este es". Y Samuel tomó el cuerno del aceite, y lo ungió en medio de sus hermanos; y desde aquel día en adelante el Espíritu de Jehová vino sobre David. Se levantó luego Samuel, y se volvió a Ramá.

Cuando leemos en el Salmo: *"… te haré entender y te enseñaré el camino en el que debes andar; sobre ti fijaré mis ojos"* (Salmo 32:8), no tenemos que esperar revelaciones especiales. Lo primero es estar haciendo lo sencillo en comunión con Dios, lo que sea, lo que podamos hacer para Dios. En esa oscuridad, David vivía en comunión con Dios; enfrentó peligros terribles; como le contó al filisteo, peleaba contra leones y osos. Allí Dios podía ver cómo confiaba él y cuán valiente era. El hombre que después iba a conducir a Israel había sido muy probado en privado. Por eso yo creo que aprendemos de esta historia que debemos hacer lo que podemos, los deberes más fáciles, pero que sean para Dios. En el caso de Samuel, él tenía un contacto directo con Dios. No sabemos cómo, pero Dios le hablaba. Dios no estaba limitado para que Saúl, que nunca había escuchado la voz de Dios, llegara a la hora y al lugar, en el momento en que tenía que estar. Dios no está limitado a nosotros. Por eso dice: *"… te haré entender y te enseñaré el camino en el que debes andar"*. Por lo tanto, consagrándonos así, aun sin ser un siervo especial, experimentaremos la buena voluntad de Dios, agradable y perfecta.

EXTRAORDINARIO EN LO ORDINARIO

Por un solo acto de consagración de nuestra vida entera a Dios, podemos hacer que cada acto de esa vida sea algo sagrado.
(Aiden Wilson Tozer)

Si hay un tema que ha preocupado a los creyentes de todas las edades y épocas, es el que se refiere a cómo conocer la voluntad de Dios. Cuando se acerca a mí un adolescente o un joven en un campamento y me pregunta sobre la voluntad de Dios, casi siempre su pregunta tiene que ver con una posible decisión de pareja. Pero esa no es la única área que preocupa a los cristianos. Vivimos continuamente pensando y dudando sobre si estamos o no en la voluntad de Dios. En esta lección, Aníbal demuestra que puede resultar muy fácil lo que preliminarmente parece muy complejo de descubrir. ¡Qué paz y tranquilidad produce saber esta verdad! Dios es el encargado de hacer conocer su voluntad. Solo tenemos que estar atentos, dependientes y hacer todo lo que se nos presente. Para mí, es genial el concepto que enseña Aníbal acerca de que no se trata de lugares o ministerios extraordinarios, sino de ser "extraordinarios en lo ordinario", tal como lo fueron Saúl, Gedeón y David antes de que Dios les revelara su voluntad específica.

Otro aspecto notable del estilo informal de Aníbal reside en su espontaneidad, su frescura y su calidez para ir comentando los párrafos de La Escritura que va leyendo. La enseñanza se hace amena, desestructurada, analizándola desde un punto de vista del sentido común y señalando los ítems claves. Guiado por el Espíritu Santo, la historia bíblica narrada por Aníbal realza su vigor, porque la lectura del texto no aburre y, luego, la aplicación a la vida cotidiana se realiza de manera natural. Así enseñaba Aníbal en una clase de cualquier otra disciplina, en un aula de nivel secundario o superior. Llama la atención también cómo Aníbal lee La Escritura mientras la explica. Al escuchar los audios, verás que hay, en la entonación y énfasis puestos en cada frase, otro rasgo pedagógico que realza el texto bíblico, y comunica eficazmente la verdad espiritual. Este factor es introducido espontáneamente, pues nunca vi a Aníbal ensayar previamente la lectura de un texto bíblico antes de leerla en público.

Roberto Chapman aconsejaba que solamente debemos desear aquellos servicios cristianos para los cuales Él nos ha capacitado[44]. En los ejemplos que nos trajo Aníbal, se ve claramente cómo el Señor fue capacitando a sus hombres, mientras cumplían con sus tareas cotidianas. Este detalle nos puede hacer valorar las tareas que ya estamos haciendo, ya sea porque forman parte de la voluntad de Dios específica a la que fuimos llamados, o bien porque componen el programa de entrenamiento

---

[44] Holmes, Frank, edic.1969, *Roberto Chapman: Hermano verdadero y amigo de España.* Madrid: Edit. Literatura Bíblica, p. 171.

divino en el que nos encontramos. Entonces, sea como fuere, desarrollemos esas tareas de manera extraordinaria, porque Tozer tiene razón: todo acto de la vida puede ser sagrado.

LECCIÓN 8

EL ARREBATAMIENTO[45]

(Lección enseñada el miércoles 22/07/1998, en la reunión semanal de enseñanza de la Iglesia El Buen Pastor, en la calle Argerich, de Buenos Aires, Argentina)

Como verán, yo me saco los anteojos para poder leer.[46] Leamos en 1 Tesalonisenses 4:1:

Por lo demás, hermanos, os rogamos y exhortamos en el Señor Jesús que, de la manera que aprendisteis de nosotros cómo os conviene conduciros y agradar a Dios, así abundéis más y más.

El apóstol Pablo no solamente enseñó con las palabras, sino con su vida, acerca de cómo conducirse como creyente, y también con los demás para ser ejemplo y agradar a Dios: "… como os conviene conduciros y agradar a Dios". ¡Qué hermoso es que una persona pueda decir que agrada a Dios! Creo que esa debe ser la meta de cada uno de nosotros: agradar a Dios. Y, si lo agradamos, vamos a ser de bendición. Quizás, para algunos,

---

[45] La primera parte de esta lección 8 se complementa con lo enseñado sobre el matrimonio (lección 4) y sobre ciertos deberes cristianos (lección 6).

[46] Aníbal padecía una especie de astigmatismo que consistía en tener dificultad para ver objetos distantes, pero podía ver claramente los objetos cercanos.

no vamos a ser muy agradables, porque no vamos a hacer cosas que Dios no quiere, y sí vamos a hacer cosas que Dios quiere. A veces, habrá gente que no lo aceptará o, a veces, tendremos que decir algunas cosas que sentimos o que debemos decir.

La meta de cada uno de nosotros: agradar a Dios.

El texto dice: "… como os conviene conduciros y agradar a Dios, así abundéis más y más". En relación con esto, me viene a la mente, Lucas 1:6, donde se habla de Elizabeth y de Zacarías, los padres de Juan el Bautista. Dice: "Ambos eran justos"; ¿en dónde dice que eran justos?, "delante de Dios". ¡Qué magnífico es que La Palabra de Dios diga que dos personas son justas delante de Él! Y sigue el texto de esta manera:

Y andaban irreprensibles en todos los mandamientos y ordenanzas del Señor.

¡Si Dios nos diera esa bendición de ser justos delante de Él, de agradarle a Él…! El v. 14 habla de Juan el Bautista cuando el ángel le promete a Zacarías el hijo por el cual había orado:

Y tendrás gozo y alegría y muchos se regocijarán de su nacimiento, porque será grande delante de Dios.

Juan el Bautista es conocido por haber sido "grande delante de Dios". Como lo hizo este gran hombre, que nuestra meta sea también ser "grandes delante de Dios". No importa qué tengamos que hacer, ni cuál es el área de servicio, ni si es grande o pequeña, o dónde tengamos que trabajar y servir. Eso es lo que quiere Dios de todos nosotros.

Volvamos a 1 Tesalonicenses 4:1-3, Escrituras muy inspiradoras:

Por lo demás, hermanos, os rogamos y exhortamos en el Señor Jesús que, de la manera que aprendisteis de nosotros cómo os conviene conduciros y agradar a Dios, así abundéis más y más. Porque ya sabéis qué instrucciones os dimos por el Señor Jesús; pues la voluntad de Dios es vuestra santificación; que os apartéis de fornicación.

Fornicación es inmoralidad sexual. La santificación, aquí, Pablo la relaciona con la prohibición de una conducta, y la manera de fomentar esa santificación es apartarse de la inmoralidad sexual. Pero La Biblia no habla en contra del sexo, sino que habla del mal *uso* del sexo, el que se practica fuera del matrimonio. Dios tiene un lugar para el sexo, porque el cuerpo, el alma y el espíritu son santos gracias a que la sangre de Jesucristo, su Hijo, nos limpia de todo pecado. El sexo lo creó Dios, pero tiene un lugar adecuado. Hay dos formas en que Satanás trata de pervertirlo. Una es la que se explica en 1 Timoteo 4:1-3:

Pero el Espíritu dice claramente que, en los postreros tiempos, algunos apostatarán de la fe, escuchando a espíritus engañadores y a doctrinas de demonios; por la hipocresía de mentirosos que, teniendo cauterizada la conciencia, prohibirán casarse…

Es decir, una doctrina de demonios es pensar que el sexo es pecado en el matrimonio. Esto se enseña en las religiones paganas, y también en la religión católica, que obliga a los sacerdotes y a las monjas a no casarse, como si eso les impidiera servir, y hace sentir culpables a quienes se casan.

Sigue el v. 3:

… y mandarán a abstenerse de alimentos que Dios creó para que con acción de gracias participasen de ellos los creyentes y los que han conocido la verdad.

El sexo, ¿quién lo creó?: Dios. ¿Qué dicen los vv. 4-5?:

Porque todo lo que Dios creó es bueno, y nada es de desecharse si se toma con acción de gracias, porque por la Palabra de Dios y por la oración es santificado.

La primera forma satánica de perversión es que la religión prohíba el casamiento de los religiosos. La segunda forma es hacer que los matrimonios, pensando que van a ser más santos, no tengan intimidad. Esto Satanás lo siembra en la mente y, después, los tienta con inmoralidad fuera del matrimonio. Les hace sentir que van a ser más puros si no practican el sexo en el matrimonio y, después, aprovecha para tentarlos fuera de él. Por eso es muy lindo esto que dice Pablo dos veces. ¿Qué dice en el v. 3?: "… acción de gracias", ¿y en el v. 4?, nuevamente, "… acción de gracias". Si, en la pareja, alguno de los dos siente o piensa que hay algo que no es limpio en el sexo, esa idea es de Satanás. El apóstol Pablo enseña que, así como se da gracias por los alimentos, la pareja debería dar gracias por la relación íntima, porque es algo que Dios le regaló, que es una forma creada por Dios para la intimidad, para bendición, y es de alegría y de protección.

Recuerdo una vez, dando clases en una escuela del Estado, a una profesora de literatura, esposa de un ingeniero, que me dijo en la sala de profesores (yo tenía una audición radial cristiana en el interior del país, y ella sabía que yo era evangélico):

—¿Usted cree en la Virgen?

—Sí —le respondí.

—Ah. Yo pensé que usted no creía en la Virgen.

Entonces, yo le pregunté:

—Ya que usted se atrevió a preguntarme a mí, yo le voy a hacer una pregunta a usted: ¿Por qué cree que Jesús nació de una Virgen?

—Porque María tenía que ser pura. —¿Ven lo que piensa la gente?

Entonces, yo le retruqué:

—Ah, así que usted cree que el matrimonio es un pecado.

—No, no quise decir eso.

No lo quiso decir, pero lo pensaba. Es que la Iglesia católica ha enseñado que Jesús nació de una virgen, porque el sexo de María con José iba a ser un pecado o, al menos, un acto impuro. Pero esa no es la razón bíblica de la virginidad de María. Le dije: "Señora, ¿sabe por qué Jesús nació de una virgen? No fue porque iba a perder la pureza, sino porque el hijo que iba a nacer tenía que ser llamado Hijo de Dios. La virginidad de María no es una cuestión de pureza, sino de paternidad. Si lo hubiera engendrado José, ¿de quién iba a ser hijo?, de José".

Por eso La Biblia se encarga de refutar bien esa idea satánica, diciendo en Mateo 1 que, cuando nació Jesús, José no le creía a María que el origen de su embarazo era de Dios, y no de otro hombre. Por eso, Dios le mostró por medio del ángel que sí era una concepción de Dios. Entonces, ¿qué dice Mateo 1:25?: "Pero no la conoció". ¿No la conocía a María?, sí que la conocía. ¿Qué quiere decir, entonces? Significa que no tuvo intimidad con ella hasta que dio a luz a su hijo primogénito, y le puso por nombre *Jesús*. Y el Espíritu Santo, para refutar esas ideas satánicas, deja estos textos para mostrarnos la santidad del sexo en el matrimonio. Además, La Biblia habla acerca de que Jesús tuvo hermanos y hermanas. Pero la Iglesia católica no se queda ahí. Primero, les muestra a los feligreses que son impuros porque se casan, tal como esa profesora de literatura que dijo que María tenía que ser pura. Eso quiere decir que esa profesora pensaba que, cuando se había unido a su marido, había perdido la pureza. Pero, en segundo lugar, además del error anterior, el catolicismo enseña a la gente que el sexo en el matrimonio es solo para tener hijos. La Biblia no enseña esto. Nadie se casa para tener un hijo, sino que se casa porque quiere estar con el otro. Por supuesto, algunos hijos hay que tener, porque es bueno, es necesario para la pareja, para la vida y para la sociedad, que tengamos hijos cristianos.

La Palabra de Dios nos enseña que el sexo en el matrimonio es una recreación, una forma de amor y no, como suele decirse, es solo para procrear. Por supuesto, la procreación es una de las funciones del matrimonio, pero no es la función primordial. Todas las veces que La Biblia habla del sexo en el matrimonio, nunca habla de hijos. Dios le deja libertad a la pareja para decidir los hijos que van a tener. Lo decide la pareja. Dios no está en contra de los anticonceptivos, mientras no sean abortivos.

La Palabra de Dios nos enseña que el sexo en el matrimonio es una recreación, una forma de amor.

Una cosa interesante que observarán, si miran todos los capítulos donde se trata el sexo en el matrimonio, es que nunca se habla de hijos, pero sí se menciona que una forma de mantener la santidad de la pareja es que esta tenga relaciones íntimas frecuentes.

Les digo esto por lo que dice el apóstol Pablo aquí, en 1 Tesalonicenses 4:3:

… pues la voluntad de Dios es vuestra santificación; que os apartéis de fornicación.

El apóstol recomienda que los miembros de la pareja se aparten de la relación sexual ilícita, fuera del matrimonio. De eso hay que "escapar", tal como les dice Pablo a los creyentes de Corinto: "Huid". A veces, esa es la única forma de salir de situaciones de tentación, y ser valientes: "Huid de la fornicación". ¿Qué dice el v. 4?: "Que cada uno de vosotros sepa tener su propia esposa en santidad y honor".

Hay dos interpretaciones para esto. Allí, "esposa" es la traducción del término original griego equivalente a "vaso". Sería algo así: "Cada uno tenga su propio vaso en santidad y honor". ¿Se acuerdan de que, en 1 Pedro 3, dice que el marido trate a la mujer como al vaso más frágil?

Aquí el traductor lo traduce como "esposa", pero el original da lugar a dos interpretaciones. Algunos piensan que es correcto traducirlo como "esposa", y otros traducen que cada uno tenga su propio "cuerpo" en santidad, es decir, apartado de la fornicación. Yo creo que las dos traducciones están bien.

¿Por qué les digo que es satánico que una pareja no tenga relaciones íntimas, siendo casados? Primero, porque, cuando alguien está soltero, Dios sabe que no tiene esposa o esposo y entonces le da una protección especial que no tiene alguien casado. Cuando Dios le da al hombre la esposa o el esposo a la mujer, Dios ya le dio la protección. Dios ya no tiene que estar protegiéndolos de las tentaciones. Igualmente, no habrá excusa para la caída, aunque sobrevenga una gran tentación. Porque esto es darle lugar al diablo. Por eso dice el texto completo, en los vv. 4-8:

Que cada uno de vosotros sepa tener su propia esposa en santidad y honor; no en pasión de concupiscencia, como los gentiles, que no conocen a Dios; que ninguno agravie ni engañe en nada a su hermano, porque el Señor es vengador de todo esto, como ya os hemos dicho y testificado. Pues no nos ha llamado Dios a inmundicia, sino a santificación. Así que el que desecha esto no desecha a hombre, sino a Dios, que también nos dio su Espíritu Santo.

Entonces, las dos formas satánicas de sexualidad son 1) considerar el sexo como algo impuro en el matrimonio y 2) el uso del sexo fuera de este. Satanás ofrece el sexo a todo el mundo, por todas partes: en la televisión, en las películas, en los medios. Por otro lado, después, les pone en la mente a los casados que el sexo es algo sucio. O sea, comunica todo al revés; plantea toda la sexualidad distorsionada. Y apartarse de fornicación no es solamente alejarse de esa relación ilícita, sino también de la pornografía, de aquello que nos tienta, de lo que deshonra al sexo y a quienes aparecen en esos contenidos. También significa alejarse del sistema que esclaviza a mujeres que provienen de hogares desprotegidos y que son explotadas después por dinero, y de tantas otras aberraciones. En toda esta perversión hay mucha gente que sufre; en apariencia, parece todo muy lindo, pero termina muy mal. Este capítulo hay que estudiarlo bien en

La Biblia. Es hermoso que Dios hable de esto, porque todo es santo, porque Dios lo creó. Espíritu, alma y cuerpo son santos. Por eso aquí Pablo escribe que se aparten de la fornicación y que cada uno tenga su propia esposa en santidad y honor. Dios le asigna un lugar alto al sexo en el matrimonio. El apóstol Pablo, en 1 Corintios 7:5, dice: *"No os neguéis el uno al otro"*. Le está hablando a gente casada[47]. Ni la esposa se tiene que negar al esposo, ni el esposo a la esposa. En el mundo se enseña que, para que se concrete la relación íntima, los dos tienen que estar de acuerdo; si no, no se produce el encuentro. El apóstol enseña que, con que uno de los dos desee el encuentro íntimo, ya está; el otro, de todo corazón y con amor, debe acceder. Por supuesto, si quieren los dos, con más razón. ¿Qué dice después?: "… a no ser por algún tiempo…". Si se van a negar a estar juntos, tienen que estar de acuerdo los dos. ¿Cómo dice?: "… algún tiempo de mutuo consentimiento". Tienen que estar de acuerdo los dos para no tener esa intimidad pero, además, no por cualquier razón. Dice: "… para ocuparos sosegadamente en la oración". La traducción está mal; debería traducirse: "… para ocuparos completamente en la oración". Porque el sexo no les quita el sosiego.[48] Entonces, la frase sería: "… para ocuparos completamente en la oración, y volver a juntaros en uno". El apóstol Pablo indica tres condiciones para no tener relaciones íntimas: primero, que los dos estén de acuerdo; segundo, para dedicarse

---

[47] La lección 4 explica con más detalle este tema.

[48] En el lenguaje cotidiano, no utilizamos mucho el término "sosiego", que significa "estado de tranquilidad y paz". Por lo tanto, es muy importante este detalle exegético que señala Aníbal. La incorrecta traducción podría dar lugar a considerar que el encuentro sexual es una actividad que quita la paz y tranquilidad de los esposos, cuando el efecto es precisamente el inverso.

a la oración; tercero: que no sea por mucho tiempo. Vean cómo lo dice: "… para ocuparos completamente en la oración, y volver a juntaros en uno… [¿por qué?, ¿qué dice?] … para que no os tiente Satanás a causa de vuestra incontinencia". No dice para que no caigas, porque Pablo no va a justificar la caída, pero sí muestra que Satanás la va a aprovechar para tentar. Y aquí el esposo y la esposa tienen dos funciones. Una función es expresar físicamente el amor que se tienen. La otra función es darse mutuamente un baño de santidad, o bien una protección de ese enemigo que es Satanás. Cuando se encuentran los esposos, al brindarse el uno al otro, se están dando una protección, un baño de santidad, y se le está haciendo un servicio a Dios. Es una de las formas de presentar el cuerpo en sacrificio vivo, santo, agradable a Dios, que es nuestro culto racional[49]. Un hombre y una mujer, por más que ambos sirvan al Señor y que sean muy cristianos, si en la intimidad se niegan a la relación íntima, no es cristiana su forma de servicio, y tampoco va a haber poder en ese servicio. Es decir, La Biblia la tenemos que cumplir toda. 1 Tesalonicenses 5:23 dice:

Y el mismo Dios de paz os santifique por completo, y todo vuestro ser, espíritu, alma y cuerpo sea guardado irreprensible para la venida de nuestro Señor Jesucristo.

Volvamos a 1 Tesalonicenses 4. Así como Dios considera santo el sexo en el matrimonio, lo considera terrible fuera del matrimonio. Por eso habla de la santidad, de apartarse de lo que es pecaminoso. Yo me acuerdo de cuando mi hijo Daniel hizo el servicio militar en Campo de Mayo (en la provincia de Buenos

---

[49] Romanos 12:1.

Aires)[50]. Lo asediaban los soldados, los sargentos y los oficiales, hablándole de aventuras con mujeres, y él trataba de apartarse. Pero tenían un capellán que no les hablaba de esas perversiones, sino que periódicamente reunía a todos los soldados del batallón y, en un gran galpón, les hablaba de religión. Cierto día, ese capellán estuvo ausente, y lo reemplazó un Teniente Primero, oficial del ejército[51], que fue a dar la clase con un libro evangélico sobre sexo[52]. El teniente les habló a todos los soldados de la compañía, a los ciento cincuenta (creo que el único creyente era mi hijo) y les dijo: "Ustedes se tienen que mantener puros para el matrimonio" y agregó: "El sexo fuera del matrimonio es un pecado". Pasemos, ahora, a los vv. 9-11:

Pero acerca del amor fraternal no tenéis necesidad de que os escriba, porque vosotros mismos habéis aprendido de Dios, que os améis unos a otros; y también lo hacéis así con todos los hermanos que están por toda Macedonia. Pero os rogamos, hermanos, que abundéis en ello más y más, y que procuréis tener tranquilidad, y ocuparos en vuestros negocios y trabajar con vuestras manos, de la manera que os hemos mandado.

Hay mucha gente a la que le parece deshonroso trabajar con las manos, pero uno de los más nobles siervos de Dios, como fue el apóstol Pablo, trabajaba con sus manos, haciendo tiendas. Aunque les hablé de la nobleza del trabajo, lo más importante

---

[50] Año 1978.

[51] El oficial, quien en ese contexto se parecía mucho más a un ángel que a un militar, era el Teniente Primero Castillo, piloto de aviación de ejército.

[52] El libro era de un pastor suizo, Maurice Ray, *El descubrimiento del amor*, publicado por Ediciones Evangélicas Europeas en 1971. Yo conocía bien ese texto, no tanto por haberlo leído, sino porque yo soy librero y, desde lejos, en el galpón de conferencias, reconocí la inconfundible cubierta azul y amarilla del libro.

es ser un gran siervo de Dios. No hay manera deshonrosa de ganarse honestamente la vida. En nuestra cultura latinoamericana, el trabajo manual ha sido deshonrado pero, para muchos hombres, este es una bendición de Dios.

Trabajar con vuestras manos de la manera que os hemos mandado, a fin de que os conduzcáis honradamente para con los de afuera, y no tengáis necesidad de nadie.

Efesios 4:28 dice a los creyentes: *"El que hurtaba, no hurte más, sino trabaje, haciendo con sus manos lo que es bueno, para que tenga qué compartir con el que padece necesidad".* Como enseñé en la lección anterior, que nuestras ganancias no sean solo para nosotros mismos, sino para compartir con aquellos hermanos en necesidad. Volvamos a 1 Tesalonicenses, vv.13-14:

Tampoco queremos, hermanos, que ignoréis acerca de los que duermen (aquí, los que duermen son los que han muerto conociendo a Cristo), para que no os entristezcáis como los otros que no tienen esperanza. Porque, si creemos que Jesús murió y resucitó, así también traerá Dios con Jesús a los que durmieron en Él.

Como cristianos, creemos que Jesús murió y resucitó, y también que traerá con Jesús a los que durmieron en Él. Dicen los vv. 15-16:

Por lo cual os decimos esto en palabra del Señor: que nosotros que vivimos, que habremos quedado hasta la venida del Señor no precederemos [o no nos adelantaremos] a los que durmieron. Porque el Señor mismo, con voz de mando, con voz de arcángel y con trompeta de Dios, descenderá del cielo, y los muertos en Cristo resucitarán primero.

Cuando el Señor venga, antes de que los creyentes vivos vayan al encuentro con Él, primero serán levantados los muertos en Cristo. En relación con esto, les daré un ejemplo: si yo quiero morir en Paraguay, tengo que vivir allí; del mismo modo, si yo quiero morir en Cristo, entonces tengo que estar en Cristo, debo entregarme al Señor. La Escritura, en los vv. 16-17, continúa de esta manera:

… y los muertos en Cristo resucitarán primero. Luego nosotros, los que vivimos, los que hayamos quedado, seremos arrebatados juntamente con ellos en las nubes para recibir al Señor en el aire, y así estaremos siempre con el Señor.

La más grande gloria que tendrán los creyentes es estar con el Señor para siempre. Y, como el cuerpo es santo, Dios no lo deja de lado; cuando Él salva, salva completamente. Entonces, el cuerpo no lo deja sin salvar, y a cada uno de sus hijos le dará un cuerpo nuevo, semejante al cuerpo de la gloria de Él. Pero los apóstoles no eran aún salvos, sino que la alcanzarían con el nuevo cuerpo. Por eso, en 1 Pedro 1:5, leemos:

… que sois guardados por el poder de Dios mediante la fe, para alcanzar la salvación que está preparada para ser manifestada en el tiempo postrero.

Aunque Pedro y los cristianos de esa época ya estaban disfrutando la salvación, ella se les manifestaría completamente en el tiempo postrero. Dicen los vv. 17-18:

… y así estaremos siempre con el Señor. Por tanto, alentaos los unos a los otros con estas palabras.

Es otro gran privilegio para el creyente saber que tiene como asegurado un cuerpo glorioso en la presencia del Señor, con un cuerpo semejante al de Dios. Mientras tanto, caminemos por este mundo en santidad y reconociendo que hay muchas faltas en nosotros y que Dios quiere mantenernos limpios.

Hebreos 10:19 explica:

Así que, hermanos, teniendo libertad para entrar en el Lugar Santísimo por la sangre de Jesucristo.

La sangre de Él es la que nos da permiso, entrada y pureza, aunque Satanás quiera hacernos creer que somos muy malos. Nosotros solemos autorreprochamos muchas cosas, pero Dios dice que, si confesamos nuestros pecados, Él es fiel y justo para perdonarnos. Aún más, a veces, nos sentimos que parece que no podemos estar ante Dios, pero la sangre de Jesucristo nos limpia de todo pecado, cuando decimos con Juan:

He aquí el Cordero de Dios, que quita el pecado del mundo (Juan 1:29).

Es esa sangre la que nos purifica ahora, nos purificó en el pasado y la que nos permite entrar al Reino de Dios. Esa sangre fue derramada por nuestros pecados, y habla también de limpieza, de perdón, de paz, de gozo. Es el poder que tiene la sangre de hacernos puros, y limpios interiormente.

¿SE EQUIVOCÓ DE TEMA?

… esta, nuestra vida actual, al encaminarse a un más allá,
no es vida propiamente hablando, sino el prólogo
de otra vida verdadera y sempiterna.

(Juan Amos Comenio)

Aníbal había sido invitado a enseñar sobre el Arrebatamiento de la Iglesia, que es uno de los temas de 1 Tesalonicenses 4. Al menos, así había sido anunciada su lección. Pero, fiel a su estilo desestructurado e informal, abordó el tema dedicando la mayor parte de la lección a cuestiones eminentemente terrenales, como lo relativo a la vida sexual y, también, al trabajo y sostén económico de los creyentes. Pero Aníbal no se confundió porque estos temas terrenales están tratados en este capítulo y, al final, sí desarrolló la doctrina del Arrebatamiento. El vínculo de esos temas terrenales con la gloria futura que nos espera Aníbal lo estableció durante su discurso, de manera similar al padre de la pedagogía moderna, Juan Amos Comenio, al fundamentar la necesidad de educación terrenal en la adecuada preparación del ser humano para la eternidad.

He oído a algunas personas expresar que el énfasis que ponía Aníbal en algunos temas repetitivos en sus lecciones se debía principalmente a algún tipo de obsesión psicológica con estos. Dos de los temas reiterados en el ministerio de Aníbal eran los vinculados a la oración y al sexo. Como defensa de la repetición como estrategia pedagógica de Aníbal, señalaré que La Biblia está repleta de textos que hablan de la oración o que, directamente, son oraciones al Señor, completas, transcriptas y constituyen capítulos enteros. En este sentido, desafío al lector a marcar con un color rojo cada vez que La Escritura mencione la oración (o a alguien orando) o transcribe una oración completa. Los ciento cincuenta Salmos son oraciones cantadas. El resultado de esta actividad de colorear le otorgará a su Biblia un color blanco y rojo en la mayor parte de sus páginas. Es notable cómo el cristianismo evangélico actual habla tan poco de la oración… y la reunión menos concurrida en una iglesia es, precisamente, la dedicada a la oración.

En cuanto al tema del sexo en el matrimonio, Aníbal solo exhibe el énfasis bíblico sobre aquel. Como lo mencionó en esta lección y en la que dio en el capítulo 4 de este libro, la mayoría de los textos bíblicos que hablan del matrimonio se vinculan fuertemente a la cuestión sexual. No es una obsesión de Aníbal; así aparece el sexo en La Biblia. Y, como Aníbal lo señaló, la función principal del matrimonio no está ligada a la procreación, sino a la recreación física. Esta verdad no es fácilmente admitida desde los púlpitos, y el énfasis que Aníbal le da a este aspecto de la vida cristiana es otro rasgo más de su originalidad y de su grandeza como maestro de La Biblia. Insisto: no se trataba de una obsesión patológica de mi padre, sino más bien un reflejo real de la enseñanza bíblica en materia sexual.

Hay una aguda afirmación en el libro de Maurice Ray (ese texto que le descubrí a mi teniente en su charla a los soldados, suceso que Aníbal utilizó como ilustración):

Existe el peligro de que tanto un muchacho como una joven se avergüencen de su instinto sexual, cuando este, como tal, debería reconocerse como bienhechor, como fuerza de vida y de unidad, el cual Dios manda reservar hasta el momento necesario y para el fin que Él ha asignado.[53]

Yo no podía salir de mi asombro al contemplar a un oficial del ejército utilizando esta cita y otras para aconsejar a los soldados de un batallón de infantería. Esa charla parecía más una clase de un club bíblico que una instrucción de jóvenes de dieciocho años, reunidos para cumplir el servicio militar obligatorio de un año en Argentina. El oficial contribuía, de alguna manera, a la preparación para la eternidad de alguno de sus oyentes. Como señala Comenio, esta vida terrenal es el prólogo de la eterna.

---

[53] *op. cit.*, p. 77.

LECCIÓN 9

HACHA DESAFILADA

(Lección enseñada el miércoles 03/05/1995, en la reunión semanal de oración y enseñanza de la Iglesia Transparente de Buenos Aires, Argentina)

En otras reuniones se habló del trabajo de algunos miembros en la iglesia, pero hoy me referiré a un trabajo para todos, que todos tenemos, ineludiblemente, que llevar a cabo. Leamos en Eclesiastés 10:10:

Si se embotara el hierro y su filo no fuera amolado, hay que añadir entonces más fuerza.

Si para voltear un árbol el filo de un hacha se abolla y queda embotado, hace falta más fuerza, más trabajo, y no se avanza. Pero, si se afila, con los golpes naturales, el árbol cae. Así también nosotros podemos trabajar y predicar mucho pero, si no afilamos el hacha en oración, tanto en forma personal como con apoyo grupal, el éxito de la obra del Señor —que depende de toda la Iglesia— será en vano. Los que predican son solo una parte de la Iglesia, pero la responsabilidad de la oración es de toda esta. Y esta práctica no se circunscribe a esta reunión de oración ya que, si así fuera, habría muy poca oración, comparada con lo enseñado en el libro de los Hechos. La oración es para todos los días, dado que nuestra Iglesia es grande y se necesita mucha oración para su sostén, su fortaleza, y para el cuidado de cada miembro: los pocos pastores pueden abarcar toda esta obra. Dios tiene que velar sobre esta. "Si Jehová no velare, en vano vela la guardia"[54]. Pero también están la escuela ECEA, con sus dos mil alumnos; los Centros Comunitarios CCRE; los Anexos[55]. No podemos trabajar con un hacha abollada: necesitamos una que esté afilada.

A veces, algunos hermanos se juntan, porque el Señor los ha salvado, a pasar un día tomando mate[56], o un día en el campo. ¿Por qué no apartar, de ese día, veinte minutos, juntos, para orar por la obra, por los hermanos, por los ancianos? De esta forma, el día y sus conversaciones cambiarían y serían mejores. Aprovechen cada encuentro de hermanos para orar en grupo. La oración personal tiene poder para mantenernos en comunión con Dios, pero la oración con hermanos mueve la obra.

Los ciento veinte creyentes antes del Pentecostés estaban unánimemente orando cuando vino el Espíritu Santo. Y, cuando los discípulos fueron amenazados, los apóstoles fueron a los suyos, a la Iglesia, no para pedir que fueran muertos los que los perseguían, pero sí para pedir valentía y denuedo para seguir predicando. Y La Palabra dice que el lugar en el que estaban congregados tembló; todos fueron llenados del Espíritu Santo.

---

[54] Salmos 127:1.

[55] Diferentes instituciones, con fines evangelísticos, que dependen de la Iglesia Transparente. Colegios primarios, secundarios y terciarios. Ver https://www.fecea.edu.ar.

[56] Bebida típica de Argentina, que consiste en una infusión de yerba mate con agua caliente, donde todos beben de la misma bombilla.

La evangelización está ligada al Espíritu Santo, y Él opera en la medida en que nosotros oramos.

2 Tesalonicenses 3:1 dice:

Por lo demás, hermanos, orad por nosotros [el apóstol no dependía de sí mismo, ni de sus propias oraciones], *para que la palabra del Señor corra y sea glorificada, así como lo fue entre vosotros.*

Expresa: "Orad por nosotros". Efesios 6:18 cita:

Orando en todo tiempo [no en algún tiempo en particular, sino en todo tiempo], *con toda oración y súplica en el Espíritu, y velando en ello con toda perseverancia y súplica por todos los santos* [orar por todos los creyentes en todo tiempo], *y por mí* [dice el apóstol; era el apóstol Pablo, pero su palabra no alcanzaba], *a fin de que, al abrir mi boca, me sea dada palabra para dar a conocer con denuedo el misterio del evangelio.*

Ahora vamos a Hechos 2:41:

Así que los que recibieron su palabra fueron bautizados, y se añadieron aquel día como tres mil personas [estos nuevos creyentes enseguida fueron incorporados a la tarea de la oración]. *Y perseveraban en la doctrina de los apóstoles, en la comunión unos con otros, en el partimiento del pan y en las oraciones.*

Por lo general, solemos orar especialmente cuando hacemos reuniones especiales o cuando tenemos una campaña de evangelización. La Iglesia primitiva estaba en una continua campaña de evangelización. Perseveraban en las oraciones. Hoy, donde hay una escuela evangélica (ECEA), hay una continua campaña de evangelización que requiere un apoyo constante en oración. Una campaña en la que el Espíritu

Santo tiene que obrar porque solamente Él puede darle vida al espíritu de las nuevas almas.

A veces, perseveramos en muchas actividades, y esto debe hacerse porque el trabajo es necesario. Era necesario que Josué combatiera contra los amalecitas con su ejército, pero tambíen lo era que Moisés estuviera en la montaña con los brazos levantados. Moisés solo no alcanzó: se necesitaron dos más que lo sentasen, les sostuvieran las manos y, de una manera tan fácil, sin problemas, pudieron tener los brazos levantados de Moisés. Entonces, Josué prevaleció. Nosotros tenemos la experiencia. Don José[57] ha sido un elegido de Dios para la tarea aquí en la Iglesia, como otros siervos de Dios. Pero hemos tenido, también, hombres de oración: don Pepe Ciccone, don Augusto Todó, hombres que todas las mañanas de rodillas clamaban por la obra, hermanos que se reunían en la escuela para orar, o en reuniones caseras de oración y en las reuniones en casa de la hermana Labiunda. Todos ellos son hermanos que han sostenido la obra. No debemos dejar librada la oración a la buena voluntad. Si tenemos un programa evangelístico, tiene que haber un programa de oración. Si una escuela tiene el programa de evangelizar, deberá tener sus distintos departamentos pedagógicos, psicopedagógicos, pero uno de sus programas debe ser el de la oración. Es nuestra responsabilidad sostener la obra con nuestras oraciones.

En Hechos 16:12-14, el apóstol Pablo ha llegado a Filipos y va a predicar:

---

[57] José Bongarrá (1914-2000), fundador de la Iglesia Transparente, fundador de todos los ministerios educativos de la Iglesia, bajo el nombre jurídico de FECEA y fundador de una gran cantidad de anexos a la Iglesia, que hoy son iglesias independientes.

Y de allí a Filipos, que es la primera ciudad de la provincia de Macedonia, y una colonia; y estuvimos en aquella ciudad algunos días. Y un día de reposo salimos fuera de la puerta, junto al río, donde solía hacerse la oración y, sentándonos, hablamos a las mujeres que se habían reunido. Entonces, una mujer llamada Lidia, vendedora de púrpura, de la ciudad de Tiatira, que adoraba a Dios, estaba oyendo, y el Señor abrió el corazón de ella para que estuviese atenta a lo que Pablo decía.

No puede haber mejor mensaje evangelístico que el que podía dar el apóstol Pablo, pero eso no alcanzaba, porque se necesitaba que el Señor abriera el corazón de Lidia. La escuela puede tener el mejor programa evangelístico, o podemos predicar aquí o en los anexos pero, si el Señor no abre el corazón, esa palabra no llega. Necesitamos que el Señor abra los corazones, que haya poder espiritual en la enseñanza, en la escuela dominical, en la Iglesia. Que el Señor edifique.

No puede haber mejor mensaje evangelístico que el que podía predicar el apóstol Pablo, pero eso no alcanzaba, porque se necesitaba que el Señor abriera el corazón de Lidia.

Así como la Iglesia primitiva tenía en su programa las oraciones, hay que lograr que la porción de oración esté en la iglesia actual. Y en esto somos responsables todos, y hasta el más nuevo creyente no escapa de esta responsabilidad. Quizá no podemos reunirnos con otros en la semana, pero con nuestra esposa podemos orar por la obra, sostener la obra en casa. Si nos encontramos con hermanos, aprovechemos la oportunidad.

Dediquemos unos minutos para orar por la escuela, por la obra, por los estudiantes, por los profesores, etc. Que sea responsabilidad de todos. Pero, sobre todo, la Iglesia es la responsable de que haya poder, bendición y una buena relación entre los hermanos. Luego dice el v. 14: *"Y el Señor abrió el corazón de ella para que estuviese atenta a lo que Pablo decía"*.

Si queremos evangelizar sin buscar el poder de Dios, puede ocurrirnos lo mismo que sucedió en Hechos 19. A veces se oye de escuelas evangélicas que trabajan con fervor, con sacrificio y que los hermanos no ven mucho fruto. A veces son escuelas que pertenecen a varias iglesias; por lo tanto, nadie se hace responsable de orar y, como cité anteriormente, no puede haber una obra evangelística sin oración. La misma escuela tendría que crear su departamento de oración, donde interese a los miembros de la escuela, a iglesias, a hermanos, para que esa obra tenga poder. Si no lo hacemos, ocurre lo mismo que en Hechos 19:11-15:

Y hacía Dios milagros extraordinarios por mano de Pablo, de tal manera que aún se llevaban a los enfermos los paños o delantales de su cuerpo, y las enfermedades se iban de ellos, y los espíritus malos salían. Pero algunos de los judíos, exorcistas ambulantes, intentaron invocar el nombre del Señor Jesús sobre los que tenían espíritus malos, diciendo: "Os conjuro por Jesús, el que predica Pablo". Había siete hijos de un tal Esceva, judío, jefe de los sacerdotes, que hacían esto. Pero, respondiendo el espíritu malo, dijo: "A Jesús conozco, y sé quién es Pablo, pero vosotros, ¿quiénes sois?".

Al querer hacer la tarea sin buscar el poder del Señor, el enemigo nos puede decir: "¿Quiénes sois vosotros?". Por esta razón, si se embotara el hierro y su filo no fuera amolado, hay que añadir más fuerza. La obra con el poder de Dios es más facilitada: menos problemas, menos obstáculos, y más bendición. Lo decimos tanto para dentro de la iglesia como para la escuela. Tenemos que orar por la escuela, que la palabra llegue a los alumnos, que el Señor abra sus corazones. Pero nuestras oraciones han de ayudar a que el trabajo en el aula sea mejor, que el docente enseñe la materia con alegría[58].

En cierta ocasión, vino a verme un exalumno que se portaba tan mal y hacía tantos líos en la escuela que, cuando estaba en tercer año, hubo que pedirle al padre que lo retirara de nuestra escuela. Él se fue, y ahora ese estudiante regresó y preguntó por distintas personas de la escuela, y pidió que le dijeran dónde encontrarme. Dijo: "Yo me acuerdo de esta escuela, porque aquí la gente es buena. La gente me dijo cómo tenía que hacer las cosas. Es distinto de otras escuelas". Este es el propósito: que el Espíritu Santo pueda obrar en las personas para que puedan ver esa obra en nuestras vidas. Y entonces oré con él y lo invité a la escuela dominical. En otra oportunidad, los esposos Egitto me dijeron: "Nosotros no estamos haciendo nada en la Iglesia". Entonces les dije: "¿No tienen nada que hacer? ¿No abrirían su casa para que hagamos una reunión de oración?" Y *recogieron el guante*. Tengamos oración en los hogares, júntense las hermanas para orar, para que pueda haber más reuniones de oración caseras. Que sean muchos los hogares que se abran para

---

[58] Aníbal, como Director de Estudios de la sección Técnica de ECEA, tenía a cargo un numeroso plantel de docentes, a quienes tenía que supervisar en el dictado de cada materia, además del control de la conducta de los estudiantes de toda esa sección y la responsabilidad del trato con los padres o tutores.

hacer reuniones de oración por la obra del Señor. Si se embota el hierro y su filo no fue amolado, entonces hay que añadir más fuerza.

LA ÚNICA POTENCIA ESPIRITUAL

La debilidad atrae a Dios. Él no puede resistir a los que con humildad y sinceridad reconocen con cuánta desesperación lo necesitan. En efecto, nuestra debilidad crea lugar para su poder.

(Jim Cymbala)

Esta lección es la más corta, la más simple, la menos elocuente y, quizás, la menos teológica y doctrinal, y la de menor contenido conceptual de toda esta serie. Pero la seleccioné porque es un mensaje sencillo, claro, que solo tiene que ver con una práctica sencilla, pero que puede transformarse en la práctica más poderosa que pueden realizar los cristianos que realmente quieren ver avances significativos en el Reino de Dios. Esta lección no tiene los atractivos especiales de las anteriores pero, si los creyentes logramos ponerla en práctica, esta operará de una manera nunca antes vista en nuestro ministerio.

Todo lo que sugirió Aníbal en esta lección él lo practicaba todos los días. No solo en su oración personal privada con el Señor, sino en su trabajo en la escuela, en su ministerio como pastor, en sus reuniones familiares o en sus reuniones con amigos. Siempre nos hacía orar. A veces, hasta en los encuentros casuales con hermanos en la calle. Nadie se *salvaba* de tener un momento de oración con Aníbal.

Si uno pudiera preguntarle a cada persona que conoció a Aníbal y que indicaran con un solo término una característica de Aníbal, la mayoría señalaría la palabra "oración". Como anticipé en la lección 7 y en otras partes, de este libro, algunas personas consideraban exagerado este énfasis en la oración, como una anomalía en la estructura psíquica de Aníbal. No me da vergüenza escribirlo aquí, pues yo, de adolescente, también lo pensaba. Me daba mucha vergüenza cuando, caminando por la calle con Aníbal, nos encontrábamos con un hermano y, luego de una breve conversación, antes de despedirnos, nos hacía orar a los tres. Esta costumbre de Aníbal quedó en la memoria de la mayoría de los que lo conocimos y, finalmente, muchos de nosotros tratamos de imitar esa práctica. Reconozco que no es fácil hacer lo que pidió Aníbal en esta lección. No es cultural que, en una reunión social de amigos, aunque sean todos creyentes, alguien del grupo sugiera dedicar unos minutos para orar por la obra, por la Iglesia, por los hermanos y por los pastores. Porque Aníbal no se refiere a la oración de agradecimiento por los alimentos. Esa es fácil de practicar, porque es cultural. Lo difícil es romper la rutina y proponer la oración en otros momentos. Aníbal nos propone el desafío de practicar una actividad que parece sencilla y de poco valor, pero se trata de la única manera que tenemos los creyentes de hacer que algo se mueva en el Reino de Dios. Nuevamente, algo que para el mundo (y a veces, también para el cristianismo contemporáneo) tiene apariencia de común, de escaso atractivo porque se trata de un servicio muy poco elogiado y que aparenta ser una actividad sin relieve y ordinaria, resulta ser la ocupación más extraordinaria que podemos tener los creyentes aquí en la Tierra. Aníbal la practicó y la enseñó durante toda su vida.

LECCIÓN 10

CÓMO CONSERVAR LOS FRUTOS

(Lección enseñada el sábado 12/07/2003, en un retiro de pastores, líderes, diáconos y otros interesados en el servicio cristiano, en la zona sur de Buenos Aires, Argentina)

Leamos en Mateo 28:18-19:

Y Jesús se acercó y les habló diciendo: "Toda potestad me es dada en el cielo y en la tierra". Por tanto, id y haced discípulos a todas las naciones.

Aquí, la palabra "naciones" puede confundirnos. Para mí, lo que debió haber puesto el traductor es "etnia", es decir, "… haced discípulos a todas las etnias". Por ejemplo, aquí en la Argentina, además de una gran cantidad de descendientes de europeos y de los pueblos originarios, hay también muchos inmigrantes más recientes.

En relación con esta equivocación que observo en la traducción anterior, quiero detenerme en el análisis de algunos errores en la dinámica de la Iglesia:

Error 1: Promoción *apurada* de los nuevos creyentes

La Iglesia tiene que tener la idea de que los que se convierten pertenecen a todas las etnias que viven en nuestra sociedad (aunque es cierto que el Señor pensó en todas las etnias de todas las naciones). Una de las maneras de conservar un fruto espiritual es que no importa la piel, su físico, su intelecto, ni su cultura, su formación profesional, su nivel económico. Al principio, todos tienen que estar como alumnos (discípulos), y no puede haber alumnos preferidos. Si nosotros queremos conservar a una persona, que es un profesional, un médico o una persona con dinero, tenemos que tenerlo sentado en un banco, aprendiendo, y no darle una categoría especial.

Hace un tiempo conocí a una persona en la iglesia: era un hermano que tenía una gran camioneta 4x4; excelente persona, y vinculado al ambiente de negocios (representante en Argentina de la automotriz japonesa Isuzu). Apenas llegó a la iglesia y sin estar aún bautizado, ya estaba cantando en el coro junto con su esposa. Pero un día le dije que no debía cantar en el coro. El resto de la congregación pensó que se irían, pero este hermano comprendió que no lo sobrevalorábamos por su dinero ni por sus influencias. Tiempo después, y aun hoy, hace discipulado y evangeliza a través de sus tarjetas profesionales, en las que agrega un versículo en el reverso. Por eso sostengo que a veces a las personas las arruinamos porque les damos responsabilidades, siendo *bebés* espirituales. No importa el grado de estudio secular que tenga; es tan bebé espiritual como el que cursó solo primer grado de primaria. Y tanto al humilde como al que trae logros de este mundo hay que tratarlos de la misma manera. Y así continúa el texto en los vv. 19-20:

… bautizándolos en el nombre del Padre y del Hijo y del Espíritu Santo, enseñándoles que guarden todas las cosas que os he mandado; y he aquí yo estoy con vosotros todos los días, hasta el fin del mundo.

Error 2: Malinterpretar la oración

En Hechos 2, vemos que los tres mil convertidos estaban aprendiendo, pero se enfocaban en la oración a Dios. Se habían bautizado; celebraban la Cena del Señor. Estaban aprendiendo y oraban. Una cosa importante es que los recién convertidos aprendan a orar porque, cuando ellos ven que tienen respuestas, tienen más crecimiento en la fe que con lo intelectual que nosotros podamos enseñarles. Ellos van viendo que hay un Dios, su Padre, que les contesta en detalle. Entonces, hay que enseñarles la vida de oración personal y en comunión con otros. Nosotros tenemos una Iglesia grande[59] pero, en las reuniones de oración, aunque parece que hay muchos, no son tantos, comparativamente con todos los que tendrían que venir. Nos empezamos a acostumbrar a orar todos en pequeños grupos, aunque venga el predicador más notable.

Un día, vino a nuestra Iglesia un gran predicador, y a alguien se le ocurrió que solo un hermano orase en el frente y luego predicase la visita. Al finalizar la reunión, muchos hermanos se quejaron por ser privados de su servicio mediante la oración donde considero, además, que los asistentes dejan sus cargas, sus inquietudes relacionadas con la Iglesia y otros temas en esa oración.

---

[59] La Iglesia Transparente cuenta con alrededor de ochocientos miembros en comunión.

La oración de la Iglesia nos protege y, además, permite la conservación de los frutos. Cuando la Iglesia ora, vuelven los alejados; las almas comienzan a salvarse. Por eso repito: la oración es un gran servicio. Por eso muchos nuevos creyentes son *tremendos* orando porque, como son niños, Dios les responde rápidamente. Lo que sucede es que Dios los anima respondiéndoles porque los toma como bebés espirituales. Yo les podría contar muchas experiencias de hermanos nuevos orando, y las cosas que Dios les otorga en respuesta a sus oraciones. En nuestra iglesia, a los recién convertidos, además de sentados en un banco, los tenemos orando, tanto en la iglesia como en su casa.

Error 3: Abandonar el término "culto"

Miremos en Lucas 2:36, cuando el niño Jesús es llevado al templo:

Estaba también allí Ana, profetisa, hija de Fanuel, de la tribu de Aser, de edad muy avanzada, pues había vivido con su marido siete años desde su virginidad, y era viuda hacía ochenta y cuatro años, y no se apartaba el templo, sirviendo de noche y de día con ayunos y oraciones.

En el NT hay tres palabras griegas que se traducen como "servir": *doulos*, *deakonía* y el verbo *latreu*, que es el servicio más elevado. Cuando el Señor Jesucristo, en la tentación, dijo a Satanás: *"Al Señor tu Dios adorarás, y a Él solo servirás"* (Mateo 4:10), dijo: "... a Él solo darás *culto*". a Él darás *latreu* o *culto*. Esta es una palabra que hemos abandonado en nuestras reuniones. Nosotros deberíamos decir: "Hoy voy al culto". Solo a Él hay que darle culto. La mujer de este pasaje daba culto con sus oraciones. Precisamente, "culto" es la misma palabra que Pablo usa cuando dice: *"Conmigo ha estado el ángel del Señor, de quien soy y a quien sirvo"* (Hechos 27:23). Es el mismo verbo *latreu*, el más elevado de los servicios. Nosotros queremos conservar a los nuevos, no perderlos, pero "si Jehová no guardare la ciudad, en vano vela la guardia".

Nosotros deberíamos decir: "Hoy voy al culto". Solo a Él hay que darle culto.

Nosotros procuramos conservar a los recién incorporados a la Iglesia, y nosotros hacemos nuestra parte también.

Leamos en Lucas 1:8-9:

Aconteció que, ejerciendo Zacarías el sacerdocio delante de Dios según el orden de su clase, conforme a la costumbre del sacerdocio, le tocó en suerte ofrecer el incienso, entrando en el santuario del Señor.

En el AT se menciona ese humo en el santuario, pero hoy nuestras congregaciones tienen que estar llenas de ese "humo" de nuestras oraciones, que debe subir al Señor.

Mientras Zacarías estaba dentro del templo, veamos lo que dice el v. 10:

Y toda la multitud del pueblo estaba afuera orando a la hora del incienso.

¿Qué estaba haciendo la gente afuera, según este pasaje? Lucas nos informa que ese pueblo no se mantenía pasivo, a pesar de que todavía estaba bajo la ley: estaba orando. Por eso, la Iglesia del NT se presenta como un pueblo que ora. En lugar de hacer, como hoy, orar al ministro, debemos hacer orar al pueblo.

Los apóstoles, cuando tenían un problema, iban a los suyos, y todos oraban. Así también debemos hacerlo nosotros.

Aquí dice que "… el pueblo estaba afuera orando a la hora del incienso". Entonces, tener a la Iglesia en oración es una manera de fomentar la unidad. En una oportunidad, me pidieron dar una charla sobre cómo conservar el crecimiento y fruto de los nuevos creyentes, y les expliqué la importancia de no solo procurar que el recién convertido siga congregándose, sino también la permanencia de los creyentes más *antiguos*. Una buena manera de hacerlo es que ambos tengan la oportunidad de volcarse al Señor, y ser una bendición con sus oraciones y con su testimonio personal.

Hay un buen libro que les habla a las esposas, cuyo título es *Tener y retener*[60]. Nosotros también tenemos que tener y retener. Hay muchos hermanos que hemos ganado para Cristo, pero que están en otros lugares, quizá buscando un fuego extraño, cuando nosotros tenemos el fuego verdadero que La Palabra de Dios permite expresar ante Dios, con todo su potencial, y también recibir de Dios la bendición, y ser de ayuda en la Iglesia. Todos queremos participar del culto y servir a Dios. Por eso es extraordinario que todos tengamos la oportunidad de hacerlo. Un capítulo de un material que sigo para el discipulado, titulado *Conversación con Dios,* se refiere a la conversación personal. En el discipulado suele enfatizarse la oración personal, pero no la compartida. Entonces, le hice un *agregado* personal a ese capítulo resaltando el poder de unidad de la oración para todos los hermanos que la practican en comunión.

---

[60] Renich, Jill. (1990), *Grand Rapids*: Editorial Tself.

Otro material del que dispongo para nuevos creyentes habla de la santificación, e indica que "os apartéis de fornicación". Eso no está mal pero, como tema sexual, está incompleto. Tendría que decir también que el casado tenga intimidad con su esposa, porque el apóstol Pablo dice:

… pues la voluntad de Dios es vuestra santificación; que os apartéis de fornicación; que cada uno sepa tener su propia esposa…

Es decir que la santificación se refiere tanto a la intimidad sexual en el matrimonio como a que el soltero no tenga relaciones sexuales. Santificación es que el soltero viva como soltero y que el casado no viva como el soltero. Esto hay que aclarárselo a los nuevos de entrada. El apóstol Pablo trata bien este tema en 1 Corintios 7 y en otros pasajes, aunque a veces no estén bien traducidos.

Cuando un hermano desea bautizarse, estamos frente a una gran oportunidad para discipularlo. Para mí, la mejor estrategia es enseñarles el camino de la vida cristiana. Esto lo he experimentado, lo he vivido, y he sido bendecido por ello. Es conveniente, con dos o tres meses de anticipación, anunciar que va a haber bautismos y que todos los que quieran participar de estos deben hacer el curso de bautismo sin impedírselo a nadie. Aun cuando algunas personas piden bautismo pensando en su salvación, al estudiar La Palabra, Dios les habla y los quebranta.

En algún momento del curso, hay que enseñar el concepto de Dios sobre el sexo, porque los que vienen "de afuera" tienen ideas extravagantes sobre este tema: desde que el sexo en el matrimonio es pecaminoso hasta cualquier "locura" acerca de cómo vivir como soltero. Entonces, hay que mostrar que La Biblia no tiene problemas con el sexo. Compartir los pasajes que justifican esta verdad. Cuando La Biblia dice que "os apartéis de fornicación", ese término griego —*porneia*— incluye todas las desviaciones sexuales que constituyen pecado. Además, hay que mostrarles que Dios no tiene problemas con el cuerpo humano. La gente cree que, cuando La Biblia habla de la carne, se refiere al cuerpo; pero esto realmente remite a todo aquello contrario a la voluntad de Dios (enemistad con Dios, envidia, celos, etc.). Debemos desterrar la idea de la sexualidad como algo malo, pero advertirles que tiene su lugar específico en el diseño divino.

Previamente al curso, se les puede dar una solicitud de bautismo con todos los datos personales, de testimonio, de contactos dentro de la iglesia, a modo de ficha. Y, con respecto a la carta de recomendación que trae el hermano, esta no nos informa sus datos personales, sino algo de su trayectoria en la iglesia anterior.

Si el curso dura dos o tres meses, por ejemplo, sobre el capítulo 1 de Romanos, podemos pedirles como trabajo práctico un comentario personal de esta lectura, sin usar bibliografía ni comentarios teológicos. Eso les permitirá observar qué conocimiento personal de La Palabra adquirieron. Luego, ellos mismos y nosotros nos asombraremos por lo elaborado.

Creo que a veces nos basamos demasiado en los llamados "Padres de la Iglesia" como intérpretes bíblicos, cuando Jesús nos instó no llamar padre a nadie. Además, La Palabra de Dios es un patrimonio de toda la humanidad[61], y no de un grupo específico. Sin embargo, lo que sí creo es que todo enseñador

---

[61] Ver, en las lecciones 1 y 5, cómo se desarrolla esta afirmación.

y predicador debería tener una Biblia con otra traducción diferente a la traducción corriente. Puede ser la Versión Moderna (o sea, la de Henry Pratt, o la de la Reina Valera 1909), o la traducción de la Biblia de las Américas. Estas son las tres traducciones que circulan en este momento. Tomemos un ejemplo en Romanos 8:8.

En la traducción RVR 1960, dice:

Y los que viven según la carne no pueden agradar a Dios.

Pero el verbo "vivir" es una mala traducción del original griego. El verbo correcto es el verbo "estar". Debería decir: "Los que están en la carne no pueden agradar a Dios", y así lo traducen las tres traducciones que les recomendé. Pero la RVR 1960 y todas las traducciones contemporáneas traducen: "Los que viven según la carne". ¿Dónde está el problema? ¡Solamente pueden vivir en la carne o en el Espíritu los que están salvos! El inconverso "está en la carne". El capítulo comienza con la siguiente frase: "… ninguna condenación hay para los que están en Cristo Jesús", y entonces después habla de los incrédulos: "Los que están en la carne no pueden agradar a Dios". En ese texto, el verbo "estar" hizo que mi esposa se convirtiera, porque ella era hija de creyentes, y creía que por solo por eso era salva. Pidió bautismo pero, estudiando la Epístola a los Romanos con don Jorge Hotton[62], al citar el verbo "estar" dijo: "Si yo no me convertí, estoy en la carne", y se convirtió gracias al verbo "estar". Entonces, los predicadores, enseñadores y los que están en

---

[62] Jorge Hotton (1881-1968), odontólogo australiano y fundador de la iglesia evangélica más antigua de la ciudad de Zárate. Fue el gran maestro de Aníbal, pastor de esa iglesia, donde Aníbal conoció a Cristo a los 18 años. (1 Corintios 11:15, segunda parte o, como dice Aníbal, "medio versículo").

la obra, aunque utilicen la versión RVR 1960, tengan las otras traducciones para comparar.

Finalmente, por un motivo fundamental, a los nuevos hay que enseñarles que la mujer en la congregación tiene estar con la cabeza cubierta. En cuanto a la mantilla o a cubrirse la cabeza, creo que en nuestra enseñanza se pone más el énfasis en el hecho de que debe ser usado, o sea, en el símbolo, y no tanto en lo que significa. Incluso, los que nos tratan de ignorantes a nosotros que enseñamos el uso de la mantilla deberían revisar su acusación. El problema es que, cuando las mujeres usan la mantilla, no se dan cuenta de lo que significa.

Cuando una mujer se cubre, eso tiene todo un significado bíblico profundo y no responde a una simple costumbre o a mantener una práctica propia del contexto bíblico. Ahora bien, ¿qué es lo que quiere mostrar Pablo en esta Escritura? Quiere mostrar que la mujer con su mantilla tenga bien claro que Dios es la cabeza de Cristo ("cabeza" quiere decir "autoridad"). Cristo es la autoridad del hombre; el hombre es la autoridad de la mujer, y dice, además, otra cosa. En el original griego no dice que "debe tener señal de autoridad", ni símbolo de autoridad. Por eso les recomendé que siempre usen una traducción de La Biblia que les muestre lo que no está escrito en el original y que fue agregado por el traductor. Alguien que lea en esta Biblia[63], 1 Corintios 11:10, leerá "señal de autoridad". La palabra "señal" tampoco está en el original griego. Debió traducirse, "… tiene que tener autoridad sobre su cabeza", porque eso es lo que quiere decir ese texto.

---

[63] Aníbal le presta, al que va a leer, la traducción de la Biblia de las Américas.

Del mismo modo, la mantilla era una forma de representar una verdad bíblica. Hoy encuentro que en nuestras iglesias se habla más del velo como símbolo, y no tanto sobre lo que representa. Lo que quiero destacar es que la mantilla representa toda una enseñanza y que, en la vida diaria, Dios ha querido que sea así.

DEUS EX MACHINA

Deje que los grandes hombres le den forma a su vida
(Napoleón Hill)

La expresión latina *Deus ex machina* se remonta al teatro de la Grecia Clásica cuando, al final de la obra, aparecía colgado de un aparejo mecánico uno de los dioses del Olimpo, con el objetivo de solucionar la trama. Luego se denominó con esta fórmula toda trama que se resuelve a través de un elemento, personaje o fuerza externa que no haya sido mencionado con anterioridad y nada tenga que ver con los personajes ni lógica interna de la historia. Yo aplico esta fórmula para describir lo que hace Aníbal cuando enseña. Sea cual fuere el tema de su lección, casi siempre introducirá en algún momento su tema recurrente de la oración y, tal como la grúa del teatro griego que arrastraba a algún dios que solucionara el problema, Aníbal menciona la oración personal y grupal. Es el eje temático permanente en sus lecciones y la clave para lograr cualquier éxito en el reino espiritual.

En menor intensidad, pero casi con la misma lógica forzada del teatro griego, Aníbal también introduce recurrentemente el tema sexual, específicamente en el ámbito del matrimonio. Y su estrategia pedagógica es ejemplificar con situaciones prácticas, tomadas de la vida real, que requieren cierta audacia para narrarlas en público. Pero el prototipo paradigmático de la aparición casi forzada de ambos temas lo encontramos en esta lección para pastores y para ministros, cuyo tema era originalmente la conservación de los nuevos creyentes. Como ya mencioné en una lección anterior, aunque a algunos hermanos les parezca que este recurso repetitivo de Aníbal se relacione con alguna especie de obsesión psicológica o emocional, los argumentos bíblicos que expone Aníbal cada vez que introduce sorpresivamente estos temas son bastante potentes para pensar que solo se trata de una manía o sugestión puramente humanas.

Aníbal es muy original y sumamente práctico en esta especie de minicurso de capacitación de líderes y pastores, para enseñarles cómo tratar con los nuevos creyentes. Su enseñanza es tan útil que seremos enriquecidos todos los que la tengamos en cuenta, no solo para el trato con los que recién comienzan la vida cristiana, sino también con creyentes más experimentados, y para nosotros mismos. Lo notable es que este tipo de consejos que dio Aníbal en esta lección no se encuentra en casi ninguno de los manuales que he consultado sobre este tema. En particular, el consejo tan eficaz de que los nuevos creyentes escriban comentarios de los textos bíblicos. Algo muy simple, dinámico, efectivo y valioso para el nuevo creyente.

Otra vez, una insólita, singular y curiosa lección de Aníbal. Posiblemente, esta característica de singularidad se perciba en todas sus lecciones. Siempre Aníbal nos sorprende con alguna tesis extraña, atrayente o inédita. Creo que por eso podía mantener la atención de su auditorio, sin utilizar ninguna de las técnicas ortodoxas de la oratoria. Cada vez que Aníbal iba a comenzar con alguna lección, yo me preguntaba: "¿Qué verdad, o frase, o enseñanza, o rareza le oiré enseñar hoy?". Y esto ocurría a pesar de que había escuchado a Aníbal, quizás, miles de veces en toda mi vida, tanto en sus predicaciones como en mis conversaciones con él. Otra de sus sentencias magistrales, aportada en esta lección y que, en realidad, es una verdad bíblica: "Nosotros ponemos a velar a Dios cuando oramos".

No creo que todos estén muy de acuerdo con el énfasis que puso Aníbal respecto de la enseñanza paulina sobre la utilización femenina de la mantilla en la congregación, pero supongo que habrá una gran adhesión respecto del significado bíblico del uso de este símbolo. En efecto, una buena parte de la comunidad evangélica contemporánea ha abandonado la utilización de este símbolo. Yo estoy de acuerdo con la argumentación de Aníbal para fundamentar tanto la práctica del uso de la mantilla como el significado espiritual de ese símbolo.

Finalmente, destaco el importantísimo consejo que dio Aníbal a los líderes de las congregaciones: el uso alternativo de traducciones de La Biblia que contengan la marca gráfica de las palabras que fueron añadidas por el traductor. Este consejo, aunque sencillo y práctico, puede ayudar a los predicadores y a maestros a precisar mejor la enseñanza de una verdad bíblica, tal como se realizó en esta lección. Aníbal llevaba a todas sus predicaciones el NT griego, que sabía leerlo y sabía traducirlo, pero no lo usaba tanto en el púlpito. También había tomado clases particulares de griego con el gran maestro Alfonso Ortega, un erudito, exsacerdote católico, luego convertido a Cristo.

Pero Aníbal no hacía ostentación de manejar la gramática y léxico griegos, sino que solo apelaba a sus conocimientos cuando la lección así lo requería, como sucedió en esta oportunidad. No hacía exhibición de su erudición; le interesaba más que la gente pudiera llevarse consejos prácticos y, en vez de hablar del griego explícitamente, utilizaba otras traducciones de Las Escrituras, de manera que nadie tuviera excusas de realizar una correcta exégesis de los textos del NT.

Poner en práctica las lecciones de Aníbal y las de tantos otros profetas de su talla es hacer que los grandes hombres le den forma a nuestra vida. Napoleón Hill lo aconsejaba a los integrantes de las fuerzas de ventas de las grandes corporaciones comerciales. Nosotros lo podemos hacer para colaborar y engrandecer la empresa del Cielo.

CONCLUSIÓN

*Lo que Dios quiere de sus hijos no es que busquen lugares
extraordinarios, sino que sean extraordinarios en lo ordinario,
en lo común, en lo de cada día.*
(Aníbal Palazzo)[64]

A causa de nuestra débil naturaleza, la mayoría de nosotros, para encendernos, necesitamos con mucha frecuencia, recibir alguna chispa física, intelectual, emocional y espiritual. Periódicamente necesitamos renovarnos y motivarnos para vivir más consagrados al Señor. Lo necesitamos para nuestra vida individual, familiar, congregacional, laboral y social. Oyendo y releyendo las lecciones de mi padre, he recibido esta chispa una y otra vez, no solo cuando seguía a Aníbal cuando le tocaba enseñar, sino ahora, cuando reviso este material. Este fenómeno motivador, de características espirituales, es el que intento reproducir al compartir con ustedes estas lecciones de Aníbal.

En segundo lugar, de la misma manera que el cuerpo necesita una ducha refrescante luego de una calurosa y agobiadora jornada deportiva o laboral, siempre es necesario refrescar la mente, el pensamiento y el alma en general, mientras transitamos

---

[64] Lección 7 de este libro.

este mundo alejado de Dios. Una mente fresca, estimulada por ideas diferentes, originales y, en algunos casos, disruptivas, nos ayudan a desarrollar mejor el pensamiento y a despejar ciertos prejuicios. No solo nos sirve para un enriquecimiento personal, sino también para ayudar a otros en el complejo camino de la vida cristiana, en un mundo al que no pertenecemos del todo. Si esa chispa espiritual y ese refresco mental están conceptualmente basados en Las Escrituras y, además, son comunicados por alguien que vivió cada día estimulado y encendido por la comunión con Dios, hay altas chances de que el efecto e impacto en la vida de quien lo aproveche sea efectivo.

En tercer lugar, toda persona que sabe pensar por sí mismo podrá juzgar si las afirmaciones y lecciones de Aníbal son pertinentes y acordes con el espíritu de Las Escrituras. Reconozco que algunos lectores no estarán de acuerdo con algunos conceptos de este libro. Este fenómeno ocurrió siempre en la historia de la humanidad cuando algún profeta traía un mensaje. En algunos casos, este aspecto innovador, creativo, discutible, y hasta polémico, del pensamiento de Aníbal resulta, para mí, sumamente atractivo, pedagógico y útil, pues nos obliga a todos a revisar esos enunciados y a evaluar por nosotros mismos si verdaderamente son razonables a la luz de Las Escrituras.

En cuarto lugar, la vida de oración privada de Aníbal, su permanente ministerio de promocionar la vida de oración privada y colectiva de la gente, su siempre renovada consagración al Señor y su agudo conocimiento bíblico producían en nosotros un efecto tal que, cuando Aníbal se paraba a enseñar, al menos, le prestáramos atención. Esto ocurría en los diferentes escenarios donde le tocó enseñar. Yo me daba cuenta de ese fenómeno pues, para quienes estamos acostumbrados a dar clases, sabemos percibir con precisión si el auditorio o el grupo que va a escuchar está expectante frente a lo que se va a decir, o permanece indiferente. Y este fenómeno se mantenía a lo largo de toda su lección. Si esa especie de "magia" de captación de la atención, de enigma sobre lo que se va a decir, de vibración, de sorpresa y de expectativa, se apoderaba de mí (que lo conocía de cerca y que viví con él durante veintidós años), no puedo llegar a imaginar el alcance mucho mayor entre quienes no estaban acostumbrados a escucharlo.

Este libro es un agradecimiento a Dios por haberme dado un profeta como padre y un elogio a la figura de Aníbal por haberse conducido en la vida de una manera que valga la pena imitarlo, y seguir sus consejos. Con Aníbal viví íntimamente durante mis primeros veintidós años, y se constituyó en mi principal mentor y maestro. Junto con mi madre Elvira, me enseñaron a amar y a temer a Dios; luego me transmitieron ambos su pasión por los libros y, como si todo eso fuera poco, finalmente, Aníbal me enseñó a amar las ciencias naturales y exactas: la astronomía, la física, la química, la matemática y la informática, con las cuales el Señor me permitió obtener el sustento material de mi numerosa familia.

Invito a difundir el contenido de estas lecciones, no solamente por su teología teórica y práctica, sino también para ayudar a cumplir el mandamiento de imitar la fe de hombres de Dios, como Aníbal que, con su conducta y con sus lecciones, nos desafían a parecernos más a Cristo y a ofrecer toda nuestra vida en culto a Dios. Tal vez consigamos hacer de nuestro cristianismo algo extraordinario en lo ordinario.

ANEXO

Entrevista a Aníbal durante la Lección 1, enseñada el sábado 13 de julio de 2002, en Radio Visión, AM 1380, de Argentina, en el programa cristiano *El otro enfoque*, conducido por Fernando Lombardo.

Conductor:[65] Estoy maravillado y sorprendido. Muchos de estos principios o enseñanzas de Arquímedes, de Pitágoras y de Tales, uno las estudia y luego ni las aplica, o sí lo hace inconscientemente en la vida cotidiana, porque seguimos sumando, multiplicando, sacando medidas, etc. Pero lo que este maravilloso libro de La Biblia enseña uno puede utilizarlo toda la vida. Recordaba historias de personas que, de niños, aprendieron La Biblia de sus padres, y, cuando fueron grandes, se acuerdan de esas enseñanzas que les han cambiado la vida. Me encanta que usted pueda decir que la Biblia hay que considerarla como patrimonio de la humanidad y que meditar acerca de ella es lo mejor que podemos hacer a través de estos micrófonos.

Aníbal: Así es. Cada hogar necesita tener una Biblia. Aunque al principio no la entendamos mucho, Dios nos iluminará. Regalar una Biblia a un amigo es un hermoso presente. Yo sería el hombre más infeliz de la Tierra si no hubiera conocido la

---

[65] Fernando Lombardo.

Palabra de Dios. No habría sabido cómo manejar mi casa, ni mi hogar, ni mi vida. Cuando empecé a ir a la iglesia, a escuchar de Dios, veía que todos usaban el mismo libro. Y por un momento pensé: "¿Acaso seremos todos iguales si todos leemos lo mismo?". No quería perder mi individualidad; sin embargo, lo que desconocía es que yo era el más impersonal de todos ellos. La Palabra de Dios me afirmó y me enseñó a ver cómo era y quién realmente era. La Biblia no masifica, sino que, a través de esta, pone en potencia las personalidades de cada uno. Al ver a un joven ir con La Biblia bajo el brazo, pensaba: "Bueno, ahora somos todos iguales; voy a tener que ser como ellos". Hoy me doy cuenta de cómo hubiera sido mi vida en el hogar como padre, como esposo… no hubiera sabido qué hacer. Pero La Biblia me guio y me mostró cómo vivir. Eso es extraordinario.

Conductor: Por eso hay muchas personas que, siendo exitosas en sus diferentes empresas, trabajos, profesiones y roles, fracasan, porque no aplican lo que enseña este manual de la vida. Conocen de literatura, de medicina, de abogacía, de leyes y todo lo demás, y tal vez sean exitosos, pero fracasan en lo más básico de la vida familiar, la vida del hogar, del matrimonio y como padres. Porque eso lo enseña este maravilloso libro que han dejado de lado.

Aníbal: Lo que yo pueda enseñar no ha venido de mi sabiduría: es sabiduría de Dios. Si nos apoyamos en Él y en lo que Él dice, sabremos actuar cuando estamos un poco perdidos y no sabemos qué hacer. ¿Sabían que Kennedy, el hijo de Kennedy, se mató con la esposa, manejando un avión en el Caribe? En el momento de la niebla, en lugar de usar los instrumentos del avión, no se dejó guiar por estos. También nosotros cuando, a veces, no entendemos la vida y no sabemos qué hacer, el piloto automático es La Biblia. ¿Qué nos dice el Señor? Sus direcciones son concretas y, si tú las implementas (las entiendas o no), el Señor se encargará. El Ser más poderoso, supremo y potente viene en auxilio de quien lo busca, de quien lo espera y de quien lo llama. ¡Qué maravilla!

Conductor: ¿Usted es profesor de Química?

Aníbal: Sí, profesor de Química y de Química Aplicada.

Conductor: Actualmente, ¿está ejerciendo su profesión?

Aníbal: Estoy ejerciendo en un Profesorado, usando el título de profesor, porque se necesita tener un título reglamentario. Pero estoy enseñando la materia Biblia, en ECEA y en ICEA[66]. Y la ciencia me sirve para entender algunas cosas de La Biblia o, mejor dicho, para ver la grandeza de La Biblia.

Conductor: Me hubiera gustado ser un alumno suyo en algunas de sus clases…

Aníbal: Profundicemos un poco más… Muchos dicen que La Biblia es un libro antiguo. Si la verdad es verdad, es eterna y es moderna, y salirse de la verdad es ir a la mentira. Isaac Newton descubrió la Ley de la Gravedad, la Ley de la Atracción de los Planetas, la Ley de Gravitación Universal, y otras leyes más. Fue profesor por muchos años (hasta su muerte), presidente de una academia de ciencias en Londres (desde 1642 hasta 1727). Estoy hablando del siglo XVII y de principios del siglo XVIII. Él descubrió la Ley de Gravitación Universal, pero tenía que demostrársela a sus contemporáneos, y no tenía los instrumentos

---

[66] ECEA: Escuela Cristiana Evangélica Argentina, ubicada en la capital de Argentina.

matemáticos, así que, durante veinte años elaboró un sistema de cálculo, que se llama "Cálculo Diferencial e Integral", o lo que hoy se llama "Análisis Matemático". Ese sistema matemático o esa disciplina se estudia en primero, segundo y tercer año de Ingeniería. Se estudia en la Facultad de Ciencias Exactas y Naturales y en cierta parte de Análisis en la carrera de Contador Público. Con ese sistema de cálculo, los jóvenes que lo aprenden se sienten orgullosos, y realmente es algo portentoso como instrumento matemático. Sin embargo, están estudiando algo que un hombre elaboró hace tres siglos. Y, si no lo estudiaran, no podrían avanzar. En estos tiempos, se baja de internet el software que contiene el sistema de Newton para quienes quieran aplicarlo rápidamente. Newton no sabía, seguramente, todas las aplicaciones de su invento: para el cálculo de las vigas de un edificio, para el trabajo con fórmulas de todo tipo, etc., y su estudio diferentes disciplinas, como las ciencias exactas, las ciencias naturales, la Economía y la Administración. Verdaderamente, es extraordinario.

Sería muy necio afirmar que, porque es viejo, no hay que estudiarlo. Estos son fundamentos para todo lo que sigue. Entonces, decir que porque es antiguo no sirve es una necedad. Y otra de las cosas maravillosas de Isaac Newton es que era un fiel creyente de La Biblia. Él sentía que, cada vez que descubría algo, Dios lo iluminaba. Él percibía que Dios se lo revelaba, mientras que otros científicos no lo admiten así.

Cuando estudié el Profesorado de Ciencias Químicas, me hablaron de Platón, de Sócrates, de filósofos y no me hablaron de Jesucristo, no me hablaron de Salomón, no me hablaron de La Biblia, el libro más importante que puede haber. Estamos en un suicidio intelectual y moral. Horas gastadas en personajes que, en muchos casos, estuvieron equivocados. No se enseña la Palabra de Dios, aunque sea como libro histórico, como documento.

BIOGRAFÍA DEL AUTOR

Daniel Palazzo (está casado y tiene 5 hijos) vive en Buenos Aires.

Miembro de la Iglesia Transparente en CABA por más de 50 años.

Docente en niveles universitarios, terciarios, técnicos, secundarios y en Institutos Bíblicos.

Conferencista en Iglesias Evangélicas, instituciones educativas y diversas asociaciones civiles.

Profesor de Filosofía (UBA, Facultad de Filosofía y Letras).

Licenciado en Filosofía (UBA, Facultad de Filosofía y Letras).

Maestría en Negocios, Administración de Empresas y Economía (ESEADE).

Licenciado en Ciencias Químicas (UBA, Facultad de Ciencias Exactas y Naturales).

Posgrado en Ingeniería Nuclear (UBA, Facultad de Ingeniería).

Investigador en la Comisión Nacional de Energía Atómica (Depto. Química Analítica)

Jefe del Departamento Servicios y Sistemas en FECEA.

CONTACTO

☎ +54911-54920387

✉ dpalazzo@fecea.edu.ar

f /Daniel Palazzo